Lorenz Filius

Panoptisch zwischen Mir und Uns

Ein lyrisches Panoptikum

Klassische und prosaische Gedichte

Impressum
Filius, Lorenz: Panoptisch zwischen Mir und Uns
© Lorenz Filius, 2012/2021
Herstellung und Verlag: BoD - Books on Demand, Norderstedt
ISBN: 978-3-7534-4026-2

Bibliografische Information der Deutschen Nationalbibliothek
Die Deutsche Nationalbibliothek verzeichnet diese Publikation in
der Deutschen Nationalbibliografie; detaillierte bibliografische
Daten sind im Internet über http://dnb.d-nb.de abrufbar.

Inhaltsverzeichnis

Befindlichkeitspanoptikum

Befindlichkeitspanoptikum

Lärm im Sein

Es zerrt ein Licht durchs Bilderbuch,
zerbricht das Temperament,
der Unbekümmertheitsversuch
verstirbt am Firmament.

Ein Schmerz durchfährt den Augenblick,
der aus der Weile fällt,
und lässt die Sicht im Raum zurück,
als Lärm im Sein entstellt.

Die Reflexion vernarbt im Nu,
doch sperrt die Wunde aus,
sie findet nicht zur alten Ruh,
noch führt sie mich nach Haus.

***

Billige Leichtigkeit

Ich pflücke Blüten ab vom Stiel
und denke mir dabei nicht viel,
der Leichtigkeit fall ich anheim,
gefällig tut 's das Sein dem Reim.

Dann fall ich wieder davon ab,
nur Stiele auf dem Gras ich hab,
doch in der Hand ein Blütenmeer:
‚Warum?' fällt ihren Wurzeln schwer.

Unerträgliche Stille

Die Ruhe findet meine Wut,
weil nichts die Stille mehr erträgt,
und macht, was ich nicht selbst tu, gut,
indem sie am Verzagen sägt.

Das Bröckeln in den Vordergrund
wirft Brocken aus dem Hinterhalt,
es schmeißt mir die Gedanken wund
und lässt die Möglichkeiten kalt.

Im Ausbruch der Vergangenheit
und ihrer rücksichtslosen Angst
erwächst kein Trost aus ihrem Leid,
weil du nur um das Mitleid bangst.

Die Kriege ohne Feind vergeh'n,
als Opfer bist du nie dein Freund,
die Zeit, zu schnell, um zu versteh'n,
die Tat nur um Gedanken streunt.

Am Ende zieht das Resümee
nur die Ergebnislosigkeit,
mit viertem Blatt gewünschter Klee
versinkt in grüner Wirklichkeit.

Nicht zu Fürchten

Den Sternen erzähl ich, der Mond ist so hell,
die Antwort des Himmels verdunkelt sich schnell,
ich suche im Schatten die stützende Macht,
das Klappern der Zähne mein Fürchten verlacht.

Ich blicke voraus in ein Stückchen vom Raum,
den Schwindel im Kopf stört die Fluchtsuche kaum,
die Nacht scheint so stark, und so fühl ich mich auch,
das sagt mir mein Hirn, doch mitnichten der Bauch.

Ich schließe die Tür und verschwende ein Bier,
erspart meinen Tränen das Fragenspalier,
der Morgen ist weit, aber sicher bald nah,
es lohnt sich kein Schniefen, denn niemand ist da.

Der Schlaf findet endlich die Schwere der Angst,
und nichts kann sie hindern, zu sagen ‚Du bangst‘,
bin frei und darf fürchten, ja weinen und schrei'n:
Erlaub mir den Luxus und fühl mich allein ...

Verwöhnte Renitenz

Gedanken stochern in der Glut
und schrecken Funken auf,
zerplatzen den gefassten Mut
im Grübeldauerlauf.
Es scheint, als ob sich noch was tut,
ich nehm' die Zeit in Kauf;
bevor die Chance in Frieden ruht,
verraucht das Holz zuhauf.

Die Brocken bleiben schwarz im Glück,
ganz ohne Effizienz,
sie halten den Verlust zurück,
doch nicht mit Neutendenz.
In Feuers Stroh lag ein Geschick
mit zündender Sequenz,
danach zerbrach der Augenblick
verwöhnter Renitenz.

***

Falsch erwacht

Ich fall ins Koma aus der Nacht
erneut nach ungeträumter Schlacht,
der Nachtmahr hat nicht recht gewacht
und mich zu früh zur Welt gebracht.
Ich denke dies an jedem Tag,
der mich im Zweifel doch nicht mag,
und mag ich ihn, dann lag 's am Schlag,
nach welchem ich so lang schon frag.

Am allerletzten Tag

Ich fand am allerletzten Tag
Gravuren, die ich nie gelebt,
sie bröckelten vorab ins Grab,
zu sehr durch Nichtigkeit erbebt.

Wo waren sie im klaren Bild,
es rutschte wie von selbst vorbei,
ich red mir ein, ‚es war doch wild',
doch nur ein Farbenvielerlei.

Es goss sich über Stock und Stein
und hinterließ nicht einen Grat,
es nahm mich mit, um frei zu sein,
ich folgte ihm als Mainstreamschrat.

Das Ende floss mir untreu fort
und hinterließ mich ungenannt;
nun ist was war, ein leerer Ort,
der mich aus meinem Heim verbannt.

Versteckte Zeit

Im Blick versenke ich die Zeit
und schicke sie hinab,
geborgen sinkt der Strang zu weit
und treibt verschroben ab.

Solang die Starre sich nicht löst,
zerreißt die Hoffnung nicht,
denn was man in die Zweifel flößt,
fragt dennoch nach dem Licht.

Verlasse ich den Augenblick
so droht die Gegenwart,
sie bringt den Strahl nicht mehr zurück,
der auf Verfolgung harrt.

Der Reise muss ich widersteh'n,
zuviel erzwingt den Tod,
ich kann die Tiefe nicht begeh'n
aus seinem Angebot.

Abtauchen

Dem Harren auf die Antwort
kommt Erlösung selten nah,
den Worten, nur als Denksport,
spottet jeder Kommentar.
Verinnerlichtes Außen
spiegelt nichts dorthin zurück,
denn jeder sucht dort draußen
nur von sich ein echtes Stück.

In Tiefen der Verzweigung
meiner kleinen Unterwelt
verschließ ich mich der Neigung,
die mich über Wasser hält.
Das Treiben auf Gesprächen
ist zwar meistens ohne Not,
doch Wirbel unter Flächen
reißen Fragen um mein Lot.

Der letzte Trumpf

Es fällt ein Stein von meinem Herzen,
doch er fällt mir in den Schoß,
versuchte Hoffnung auszumerzen,
und nun legt er sie nur bloß.

Es pocht, als wolle es mir sagen,
hab nicht Angst vor deinem Mut,
lass deinen Bauch nicht länger tragen,
was Gewissheit dir nicht tut.

Allein das Wissen stillt die Sehnsucht,
ganz egal was sie berührt,
so schenk ihm bitte keine Ausflucht,
die dich innerlich entführt.

Ich leg die Hände ins Erwarten,
doch der Stein rollt nicht davon,
der letzte Trumpf in seinen Karten
ist vielleicht noch nicht gefloh'n.

Zwischen Keilen

Verlassen schiebt sich das Leben
zwischen die Keile; raucht die Gedanken
in den Moment.
Vergaßen, sich zu erheben
über die Weile, Worte erkranken,
die man nicht nennt.

Entschlossen, Kleines zu finden,
such ich die Frage; das, was ich habe,
scheint mir zu groß.
Verflossen, mich nicht zu schinden,
jagt mich die Plage, krümelt die Gabe
in meinen Schoß.

***

Aufbruch

Es führt mich fort von diesem Ort
in neues Land, bin unverbannt.
Ich fühl mich frei vom Einerlei
der gleichen Wand, auf der nichts stand.

Die kurze Zeit ganz ohne Leid
nahm mich nicht mit und ward zum Schnitt.
Auf Wiederseh'n wird nur besteh'n
als Floskeltritt im Vorwärtsschritt.

Mit dem Glas zur Wand

Sie läuft und läuft
mir fast davon,
die Runden stolpern meine Zeit;
mit jedem Blick
zum Marathon
verliert sich die Gelassenheit.

Das Ziel ist fern,
Etappen nah,
nicht eine bringt mich näher ran;
der Abend fällt
auf das, was war,
und hält doch nichts in seinem Bann.

Der Morgen sitzt
schon im Genick -
er reicht mir nicht einmal die Hand;
ich klau der Uhr
den Augenblick
und dreh sie mit dem Glas zur Wand.

In die Welt verrannt

Verinnerlichter Tiefenschmerz
veröffentlichtes Herz,
die Ahnung, dass die ganze Welt
zu meinem Fühlen hält.

Geschichten wühlen Tage auf,
bestimmen ihren Lauf,
Gesichter anonym vergeh'n,
sie scheinen zu versteh'n.

Die Euphorie zerfällt ins Lot,
die Peinlichkeit nicht droht,
ich hab mich in die Welt verrannt,
doch sie mich nicht erkannt.

***

Tinnitus

Die Stille sticht die Nacht, verstärkt den Lärm, der wacht,
erbittert fleht mein Starren, die Fassung zu bewahren.

Der späte Flieger geht, das letzte Auto steht,
und gnadenlos verrinnen Geräusche, die ent-sinnen.

Die letzte Galgenfrist noch eine Stimme ist,
dann quält ein langes Dämmern erneut im Ohr das Hämmern.

Im Brennpunkt

Im Brennpunkt der Vergangenheit
entleert sich nun das Bild;
das Licht verschluckt den Rest der Zeit,
die Neugier ist gestillt.

Den Raum verwünscht die Lebensangst,
ihn sonst als Flucht zu seh'n,
und das, wonach du nicht verlangst,
alleine bleibt besteh'n.

Ein Atemzug befreit die Ruh',
noch eh' der Tag erlischt;
was du ersehntest, fliegt dir zu,
weil dich nichts mehr besticht.

***

Seelische Scherze

Das Licht in die Sterne vor meiner Terrasse
begaukelt die Ferne, die ich so sehr hasse.
Zerlege Gedanken an schwelendes Wissen;
ein Teil lässt mich wanken, ein andrer nichts missen.
Im Gleichmut verlässt mich die Stimme zum Schweigen;
die Nacht ist verlässlich und wird mir nichts zeigen.
Dann lösch ich die Kerzen und warte in Schwärze
bis Schauer mich herzen für seelische Scherze.

Seeungeheuer

Versteckt in der Sehnsucht verlorenen Feuers
verbleibt in der Stille die Flamme der Not;
ein Eiland im Meer eines Seeungeheuers,
das Eiland bin ich und das Monster der Tod.

Solange die Schwaden das Ufer nicht fressen
und Licht in die Ruhe der Dunkelheit drängt,
solang will ich nicht die Bewandtnis vergessen,
dass, wenn es mal ausgeht, nicht Tatsachen sprengt.

Denn noch kann ich sehen und mich orientieren,
auch wenn die Gedanken den Spielraum verlor'n;
vom einstigen Denken bleibt nur ein Sinnieren,
zuviel ist schlaflosen Nächten gebor'n.

Ich ahne das Ende im Punkt der Bezweiflung,
dann steh' ich alleine umgeben vom Meer;
ist alles versunken im Bann der Verteuflung,
so geb' ich doch das, was ich bin, noch nicht her.

Die Fluten geglättet, scheint alles zufrieden,
nur seichte Gewässer betrüben die See;
,verschwemmt' und ,geschluckt' ist noch lang nicht ,hienieden',
nicht jeder, der fort ist, tut keinem mehr weh.

Neurotisch

Im Scharren verzerren Neurosen die Ängste,
erwarten die Flaute der Realität;
die kurze Verstimmung ist immer die längste,
wenn Stille des Windes aus Fugen gerät.

Dann springen aus Funken belangloser Szenen
Infernos, zu brennen Verstandesgewalt;
der Tag läuft nicht weiter nach logischen Plänen,
gebietet Momenten den zwanghaften Halt.

Die Hitze verbeißt sich zum bleiernen Schwitzen,
Minuten verbrennen die Stunden im Kreis;
soeben beruhigte Gedanken verblitzen,
der Abend in züngelnden Flammen wird heiß.

Nur langsam verebbt die entsetzte Attacke,
in Gleichgültigkeit irrt ein Lächeln davon;
das Lauern, zurück in der Wärterbaracke,
ersehnt sich ein Haus ohne Brandillusion.

Alles für den Kaffeesatz

Die Motte verendet im Kaffeesatz,
ne Zote verschwendet Gedankenplatz,
ironisch zerstreut sich der Rest der Zeit,
platonisch bereu' ich den Widerstreit.

Die Muse, erledigt, im Wust verscharrt,
abstruse, die Predigt, die Lust bewahrt,
Bedenken erklimmen den letzten Sinn,
das Lenken der Stimmen führt nicht dort hin.

Am Ende zerrüttet das Herz der Gram,
die Bände verschüttet mit falscher Scham,
Geschichten verlieren den Glanz im Licht,
belichten die Wirren, doch klären nicht.

Verlangen ermüdet, bleibt ungestillt,
befangen befriedet, zugleich gewillt,
zur Chance gezwungen, sich neu zu fühl'n,
Balance errungen mit Widerwill'n.

Dauerlauf

Die Schwere klebt wie Pech an mir,
geläutert, eine Laune nur,
ich stehe dort, der Weg scheint schwer,
und Muskeln suchen die Statur.

Die ersten Schritte, viel zu schnell,
ich fühl es, doch ich spür es nicht;
Gedanken, die ich Luft erzähl,
zerfallen in des Körpers Pflicht.

Schon scheint die Überwindung alt,
Gewohnheit streckt die Beine lang,
ein Vakuum gebietet Halt,
verzählter Atem macht mich bang.

Der Stillstand wäre ein Affront,
zurück zum Status quo zu weit;
ist erst die Luft aus dem Ballon,
ist sie zum Pusten kaum bereit.

Drum überlasse ich dem Schmerz
des Körpers meine Lethargie
und gönn dem ausgeführten Herz,
das Blut geleckt hat, Laufmagie.

Es dankt es mir mit einer Ruh,
die plötzlich meine Not befällt;
rennt ganz alleine immerzu,
so wie mein Schritt von selber zählt.

Am Ende steh' ich langsam still,
nur so, weil es sich leicht ergab;
ich weiß nicht, ob ich 's wirklich will
und lauf zurück im leichten Trab.

Stachelkuscheltier

Ich bin trainiert, das Misstrau'n als mein Wissen zu versteh'n
und wurde gleichgerichtet, um Vertrau'n nicht zu begeh'n;
die Zeit verdrehte Tage, um Verstand zu strangulier'n,
erpresste jede Frage mit Verantwortungsallür'n.

Die Tür schlägt jedem ins Gesicht, der mein Gesicht nicht kennt,
Gewissensbiss beschlägt das Fenster, das vom Bösen trennt;
ich blicke in die Sicherheit des Guten tief in mir,
zu schade, um es zu befrei'n als Stachelkuscheltier.

Denn nur mit halbem Herzen finde ich die Güte nicht,
die anderswo genau so halb am Stachelzwang zerbricht.
Was nimmt mir schon das Leben, wenn ich einmal arglos lach?
Die Illusion wird Wahrheit oder meine Wahrheit wach.

*** *

Sekundenschlaf

Der Blick ins Geradeaus erstarrt,
zerfließt im Fokus des Moments,
verliert verendend aufbewahrt
die Sinne an Fraktaldemenz.

Das letzte Zwinkern implodiert,
zerreist die Wirklichkeit zum Traum;
bevor es schreckhaft expandiert,
verpass ich oder treff' den Baum.

Reden, Schauen, Gehen

Will reden, schauen, gehen,
meine Muße ist mein Heim;
den Nöten widerstehen,
waren bücherweise Reim.

Die Furcht hat lang gewartet,
zu verpassen, was geschieht;
mein Zweifel war entartet,
machte Tand zum Bindeglied.

Das Altern war verschwommen,
und es hatte Ewigkeit;
nur hier und da entkommen,
etwas Unzufriedenheit.

Ich folgte - war verwundert,
was Veränderungen macht;
vor Zeiten, fast verzundert,
ein Stück Zukunft, das noch lacht.

Philosophisches Panoptikum

Philosophisches Panoptikum

Was du erwartest

Es bleibt, was nichts erwartet,
von diesem stammst du ab,
und bist du auch entartet,
es fällt nicht mit ins Grab.

Wer glaubt, es gibt kein Nachher,
weil er es nicht erlebt,
ist kaum ein Widersacher
von dem, was weiterstrebt.

So löst ins Wohlgefallen
sich ‚Wohl in Einfalt' auf;
es mag zwar mit sich prahlen,
doch dies nimmt nichts Kauf.

Bewusstsein ist ein Fänger
für alle Energie,
und wird die Stirn auch enger,
zu offen bleibt das ‚Wie'.

Unbelehrbar

Muss ich alles denn begreifen,
in Verarbeitung besteh'n,
müssen alle Dinge reifen,
wenn auch wir sie nicht mehr seh'n?

Kann ein Ende nicht verbleiben
als die Stille, die es ist,
darf der Schmerz nicht Blüten treiben,
bis mein Ende ihn vergisst?

Muss das Dasein mich erzwingen,
als im Dasein kompetent,
muss ich wirklich Glück erringen,
wenn es mich doch gar nicht kennt?

Nein ich bleibe unbelehrbar,
lass dem Schicksal seine Ruh,
schließlich ist es unumkehrbar;
was mich fühlt, hört mir auch zu.

***

Ansichtssache

Ob die Macht des Alls sich bloß als Leuchtverdammnis zeigt,
oder ob sie sich zu uns mit Lichterblüten neigt,
liegt alleine im Moment der Seelensensation:
Wer sie lebt, empfindet als ein Teil der Dimension.

Ohne Sinne / Sinnlos

Was sind die Sterne vor der Sonne,
was ist die Sonne vor dem Mond,
was ist der Mond vor dunkler Wonne,
wenn in den Augen Zwielicht wohnt?

Was ist die Hymne vor dem Liede,
was ist ein Lied vor einer Stimm',
was ist die Stimme vorm Gerede,
wenn sich die Ohren nie entzieh'n?

Was ist der Sturm vorm Wind in Wettern,
was ist ein Wind vor Luft, die irrt,
was ist der Hauch vor stillen Blättern,
wenn das Gesicht die Haut maskiert?

Was ist die Wahrheit vor dem Munkeln,
was ist das Munkeln vorm Gefühl,
was sind Gefühle vorm Verdunkeln,
wenn nur noch muss, was kaum noch will?

Kein Gut und Böse

Vom Übel bleibt nicht viel,
meist von der Schand' nur noch ein Fleck;
so geht es auch dem Ziel
des scheinbar Guten auf dem Weg.

Getarnt als gute Tat,
doch manchmal auch als wahrer Arg,
entpuppt sich ein Verrat
zunächst ganz vordergründig stark.

Das Gute scheint ja nur
als Grund der Ruhe vor dem Sturm,
es liegt in der Natur:
Der böse Vogel frisst den Wurm.

Als müsste dies so sein,
bezwingt der Geist es jedes Mal;
was bleibt, war niemals rein,
weil sich aus ihm das Übel stahl.

Zeichenwechsel

Die Zeit des Fisches ist vorbei,
die Zeichen stehen schon Spalier,
mit Sehnsucht schwamm er Hoffnung frei,
Jahrtausende im Hin und Her.

Nun rückt ein neues Geistprinzip
an jene Stelle des Gefühls,
war vorher nur ein Seitenhieb,
verlor die Strategie des Spiels.

Das Schicksal hat es so gelenkt,
ellipsenweise konstelliert,
und hat den Fischen das geschenkt,
was bald dem Wassermann gebührt.

Vernunftgebettet soll die Welt
nun nicht von selber untergeh'n,
doch da sie trotzdem weiter schnellt,
muss sie erst lernen, zu versteh'n.

So ist der Zeichenwechsel nur
ein Theorem im Glaubenskrieg,
ob neuer Weg, ob alte Spur,
was kommt, führt nicht der Mensch zum Sieg.

Armer Geist

Es fährt das Grauen ins Gebein,
dem Sarg entgeht der Ehre Schrein,
verbleicht wie jedes Abendrot,
der Morgen ist wie immer tot.

Die Ahnung, dieses zu versteh'n,
verhilft dem Tod nicht, zu vergeh'n,
vergegenwärtigt die Zäsur
als reine Friedhofsplatzschraffur.

Geebnet nach der Jahre Schliff
für neues Hypothesenschiff,
erträgt die Erde das Fragment,
das sie seit Anbeginn bekennt.

Wohin entführt der Glaube noch,
wenn nicht aus altbekanntem Joch?
Die Sehnsucht bleibt ein fremder Geist,
die nur, weil wir sie seh'n, nichts weist.

***

Konsequenzen

Könnte das Bewusstsein jetzt mit einem Mal entfliehen,
würde es im Kollektiv die Konsequenzen ziehen:
Fahre nicht ins Leben wenn noch Heißluft es verschwendet,
abgekühlt bleibt übrig, was noch vor dem Sterben endet.

Extremsport im Vergehen

Es ziehen Fragen durch das Hirn,
zerschlagen Morgen später das Gestirn,
es fallen Kragen aus dem Zwirn,
nach Tagen, die erneut zusammen führ'n.

Es bleibt die Antwort trotzig steh'n,
am Standort, den wir nie von außen seh'n;
der Tod, Extremsport im Vergeh'n,
ein Lustmord, den Verlorene erfleh'n.

***

Tröstlich

Der Trost, der in der Leere bleibt,
verewigt nicht den Augenblick,
er lässt den Geist, der Blüten treibt,
zum Weiterleben dort zurück.

Strömungen

Schaffst du 's mit dem Mainstream in den Wasserfall zu rasen,
sind dir Höhe, Fall und Tiefe gleichermaßen garantiert.
Schwimmst du in der Pfütze, um ins Rinnsal dich zu lassen,
bahnt den Weg dir eine Richtung, den Erfahrung
programmiert.
Quillst du nur empor, um eine Strömung zu erfassen,
kannst du weder Wege suchen, noch erreichen, was passiert.

***

Bleiben und Gehen

Bleiben wir, verlässt die Subjektivität den Tod,
gehen wir, bleibt Objektivität ein Angebot.

***

Zersägte Zeit

Die Späne der zersägten Zeit sind kaum ein Daseinsgrund,
und tritt man ihre Splitter breit, läuft sich der Tag nur wund.

Vermeintlich

Vermeintlich wächst das Leben neu
mit jeder Neugeburt,
vermeintlich glaubt es, es sei frei
im Konsens, der es spurt.

Vermeintlich wabert 's durch den Tag,
fast jeder Gruß ein Scherz,
vermeintlich spür ich, was ich mag,
ich habe ja ein Herz.

Vermeintlich ist die Liebe das,
wonach sie jeder sehnt,
vermeintlich gibt es keinen Hass,
wenn nicht ein Grund ihn kennt.

‚Vermeintlich' heißt das Zauberwort,
das alle Zeit verschweigt,
vermeintlich fliegt die Wahrheit fort,
wenn man ihr Lügen zeigt.

***

Ende-Wende

Zeit läuft abgelaufen weiter,
Zeit säuft Aschehaufen heiter,
Zeit kennt immer nur ein Ende,
Zeit nennt meiner Uhr die Wende.

Jenseits der Barriere

Jenseits der großen Barriere wartet das Durchdringen auf die Wiederkehr des Spiegelbilds, gebrochen neu gestreut, um jener Einigkeit die Vielfalt zu bezeugen. Solche Grenze scheint notwendig als Erfahrungshorizont im Erfüllungspotential des Geistes. Ohne ihn verlöre die Entwicklung jede Form und wäre nur der Ausstoß aller Macht.

Diese wiederum beträfe nichts fernab von Sinn und Emotion - ein ungeborenes Fragment unendlicher Verkümmerung; massiert und doch bedeutungsloser als das erste Dasein aller Zeit. Nicht unbedingt als Ziel, vielmehr als Richtung für den Weg zum Selbstbeweis des Wegbereiters kann die Antithese der Wahrhaftigkeit kaum geringer als das Leben selber sein und unumgehbar für den Grunderhalt zugleich.

***

Vergangen und entgangen

Vergangene Zeiten
des Irrtums
schleppen
sich
hin
fort
laufen
erinnerte
Prioritäten
entgangener Weiten

Die letzte Waise

Die letzte Waise fand ein Lied
und schlief mit ihm davon;
weil niemand ihr den Text verriet,
verstand sie Ton um Ton.

Sie summte leis' die Melodie,
verhallend in der Nacht,
und wo das Dunkel Trost verlieh,
hat sie sich dargebracht.

So lag sie still im Gras, berauscht
vom eigenen Gespür,
hat sich mit Liebe ausgetauscht,
ganz ohne Tauschmanier.

Im Tau verstarb der letzte Klang,
doch sie lebt weiter fort,
die Welt fiel ab vom Überhang,
die Waise bleibt ein Hort.

***

Ad absurdum

Unser Glaube an das Wissen hält in Schach
- auf der Suche nach dem Müssen für danach -
jene Macht, die wir zu gerne würden spür'n,
denn sonst würde sie uns ad absurdum führ'n.

Sowieso

Es fiel die Position am Blatte
nie vom Baume ab,
selbst als die Knospe Pause hatte,
blieb dort, was es gab;
der Ast, am Zahn der Zeit zerbrochen,
riss kein Loch hinein;
als Stamm und Moos nach Moder rochen,
wahrte sie das Sein.

Nun hat die Welt die Zeit belogen
ohne Gegenwehr,
denn alles, was im Raum verflogen,
braucht den Raum nicht mehr;
er ist und bleibt an seiner Stelle,
traurig oder froh,
doch immer nur ein Stück der Schwelle
hin zum ‚Sowieso‘.

***

Sattelitenabsturz

Der alte hat uns gerad' verfehlt,
das Hirn zu klein, ihn zu versteh'n,
der neue gleich darauf beseelt,
mit Wissen aus der Welt zu geh'n.

So läuft dieselbe Leier fort,
dem Fortschritt - in die Ignoranz;
was teuer ist, die Zeit verbohrt
im Zeitvertreib beim Totentanz.

Schmerz geteilt durch Zeit

Am Anfang der Unendlichkeit
ist der Schmerz am größten,
im Punkte seiner Einsamkeit
noch wirklich nicht real;
die Lücke, die die Welt entzweit,
nähert sich zum trösten,
doch trifft der Trost das Ursprungsleid
unendlich weit vom Tal.

Im Fortlauf fällt die Trauer tief,
Zeit scheint überwunden,
die Welt, nach der sie vorher rief,
im Bruchteil kaum mehr da;
vorm Anbeginn, als alles schlief,
war es noch entbunden,
im Schicksal, das von dannen lief,
verschwand nicht, was geschah.

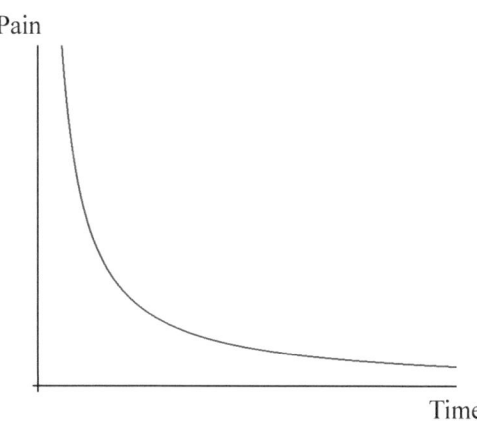

Träume und Lieder

Bilder entstehen,
wenn Träume vergehen,
pressen Gedanken in Dimension;
Glauben ist einfach,
um nicht zu verstehen,
läuft unsern Schranken nicht davon.

Kann nicht verwehren,
das Lied zu entbehren,
das, was ich höre, ist Melodie;
Wahrheit liegt tiefer,
um nicht zu beschweren,
Lieder versprechen - halten es nie.

***

Schachteltraum

Im Traum erwacht
der Schachteltraum
entrückt dem Schlaf
erwachst du kaum
verwächst die Nacht.

Der Tag verschäumt
Realität
verdorben ist
was nichts verrät
im Traume träumt.

Noch nicht von dieser Welt

Es ist noch nicht von dieser Welt,
wie aus dem Ei des Alls gepellt,
als freier Einfall der Natur,
mit einer Spur Genetik nur.

Schon beim Erfassen des Moments,
als dies geschieht, erwacht Tendenz,
dem Nähern an die Friedlichkeit
folgt Nötigung der Einsamkeit.

Noch zieht dem Lächeln nichts voraus,
noch ist der Schrei ein reiner Graus,
doch Kräfte aus dem Gegenteil
führt adaptiver Schwund zum Heil.

Am Ende stößt der Ursprung zu,
Befriedung wird nun wieder Ruh,
sie ist nicht mehr das reine Sein;
viel mehr noch, sie ist nicht allein.

***

Gleichheit

Die Gleichheit, die uns anders macht,
ist nicht die Gleichheit aus dem Trend,
es ist die Gleichheit durch die Macht,
die Arroganz in Gleichheit trennt.

Gegenstand der Klarheit

Wie sehr entzweit
sich nun der Schein der Sonne
in die Traurigkeit von Morgen
und die Hoffnung für mein Gestern?
War stets bereit
im Untergang der Wonne,
für die Gegenwart zu sorgen
im beschwichtigenden Lästern.

Doch nun verzehrt
die Lücke in der Wahrheit
das geschundene Vertrauen
als Tribut für keinen Glauben.
Zu lang verehrt
den Gegenstand der Klarheit;
um auf altem Sand zu bauen,
wird die Wüste Zukunft rauben.

***

Unerfahren permanent

Jetzt, da ich der Flucht entschwebe,
fühle ich das Element,
das mir zeigt, wovon ich lebe
und mich doch von allem trennt.
Als die Einheit aller Triebe
scheint es stetig konsequent,
doch von ihm nicht sehr viel bliebe,
unerfahren permanent.

Geburtstag

Ein Jahrestag, so vielfach hin- und her geschoben, zeigt nur Unverbindlichkeit der Zeit im Glauben an die Macht der Zahl. Ob Schaltjahr, ob Atomsekunde - was bedeutet da Beliebigkeit der ungefähren Wiederkehr von zwanghafter Erinnerung in Aufwertung des Alters? ‚Heute' oder ‚Morgen' spielt die Rolle des Ermessens, doch mitnichten löst der Tagessprung Magie im steten Fluss. Allein, erinnert wird nach hinten die Entfernung des Beginns sowie erahnt nach vorne schon das Ende. Bleibt der Tag als solcher, zu genießen, zu verdrießen, wie auch jeder andere - mein Fest mag fallen, wie 's gefeiert wird, dem Festtag ganz zum Trotz als Lebensausdruck - nicht als Labensjahrfiktion.

***

Was entscheidet

Was entscheidet, ob es nichts bleibt, oder sich bewusst wird,
was entscheidet, wenn es sich bewusst wird, wer wer ist,
was entscheidet, wann er da ist, wenn er sich allein spürt,
was entscheidet, wenn er fort ist, ob das Nichts vergisst?

***

Der Wulst

Der Wulst des Einschlags wirft den Weg,
die Kruste Mensch verklebt den Zweck.
Der Schwamm des Alltags saugt den Dreck,
was übrig bleibt, war niemals weg.

45

Es sei denn, es ist blau

Am Horizont erlischt der Traum,
dass Licht dahinter liegt;
die Schemen überzeugen kaum,
wenn sie der Dunst besiegt.

Ist diese Wirklichkeit ein Glück,
ist sie nicht nur das Los,
von einer Chance ein kleines Stück,
nur da, nicht wirklich groß?

Die Nebel lassen keine Zeit,
die Wahrheit zu versteh'n,
doch sind wir selten nur bereit,
zu weit hindurch zu geh'n.

Schon bald verschließt das Firmament
die Lebensnaht mit Grau;
nicht suchen will, was jeder kennt,
es sei denn, es ist blau.

Zeitlose Hoffnung

Verwegen begeistern die Nächte den Willen,
enttarnen die Pläne als eiserne Grillen,
im Wein sind versenkte Gedanken noch blutig
und liegen die Träume im Bette dann mutig.

Zum Morgen entrücken Geräusche der Lücke
und reißen das Nichts in beginnende Stücke;
Gedanken vom Abend zersetzt das Erwachen
mit neuen Konstrukten aus Tacheles-Sprachen.

Vereinzelte Wünsche bereiten noch Sorgen,
doch die wird der Abend sich sicherlich borgen,
dann tränken sie wieder Geschmack mit Erleben,
um Dauer der zeitlosen Hoffnung zu geben.

***

Singularität

Die Existenz ist nur ein Teil,
der andre ist die Negation,
Bewusstsein ist darin ein Keil
und spaltet beider Position.
Das eine misst das andre nicht,
doch ist notwendig als Beweis:
Die Dunkelheit erfordert Licht,
sonst wär' sie nichts, worum man weiß.
Es schließt sich aus, was sich erzwingt,
und wird doch Eins aus diesem Grund;
erst dort, wo nichts um Wahrheit ringt,
schließt Singularität den Bund.

Wahre Offenheit

Minuten verlassen berührte Momente,
sie rasen durch Stunden im Tagesgescheh'n,
die Offenheit heimlicher Liebestalente
verbirgt ihre Sehnsucht, wenn alle sie seh'n.

Vom Tag exponiert läuft Erlebtes ins Leben,
intimer als jeder errötete Kuss,
doch ist 's nur Vergeltung von Nehmen und Geben,
das ohne Gefühle nichts ausschließen muss.

Befindlichkeitsphrasen beschwören die Einheit
ein jeder soll seh'n, was doch keiner erlebt;
blickt einer in Nischen verlorener Feinheit,
entdeckt er den Schatz, den man draußen nicht hebt.

Veräußerte Mienen entdecken die Welt nicht,
erwidern nur Züge geregelten Spiels,
ein wenig vom Leben der inneren Einsicht
erbrächte Routinen Geschmack des Gefühls.

Daseinsprothesen

Zur Normalität findet unsere Gangbarkeit des Lebens kaum zurück,
wenn das Durchfurchen stiller Jahre aus dem Fleisch der Wurzeln
springt; es kann ein Segen sein, im Falle dass - die Wurzelspitze
längst verendet -, der Einklang eines angewöhnten Schmerzes mit
den Nervenresten ein Phantom besingt.

Doch wie viel mehr verliert der Zahn der Zeit, wenn er entrissen
aus dem Saft, für jenes Bett, vielleicht gesundend, nach Prothetik
ringt? Was bleibt, ist so und so der Kalk als bodenloser Rest, der
nichts mehr spürt und allenfalls nur Staub ganz ohne jeden Zweck
bedingt.

✳✳✳

Auf und davon

Gestern noch vertrat ich mir die Beine im Moment,
heute laufen sie davon, wohin, das weiß der Trend,
morgen sucht in Nostalgie vergebens mein Talent,
übermorgen weiß es nicht mal mehr, warum es rennt.

Brennpunkt der Erkenntnis

Es findet die Verengung hin zum Brennpunkt kaum Erkenntnis,
das Tasten durch die Dimensionen keinen Halt im Raum;
Verstandenes führt weiter, doch nur selten zum Verständnis,
getaumelt rätselt Fakt um Fakt vom Tage sich zum Traum.

Die Frage sucht die Antwort im Vertrauen auf die Worte,
verschlungen hängen Sätze scheinbar sicher in der Luft;
doch nichts hält sie gefangen an den Haken wahrer Orte,
Gesagtes ist oft mächtiger, als das, was danach ruft.

Gefühle winden sich durchs Hirn, wann immer Wissen hindert,
Vergeltung der Zusammenhänge stolpert vor sich hin;
ein Frevler, der die wunden Punkte nur mit Schmerzen lindert,
vom Pranger der Verzweiflung lässt man Fragezeichen flieh'n.

Das Ende ist kein Ziel mehr auf der letzten Zielgeraden,
entpuppt sich nur als Fluchtpunkt einer langen Illusion;
selbst dieser wird den Suchenden die Wahrheit nicht verraten,
denn dort, wo er gegangen, läuft ein andrer neu davon.

***

Im Verborgenen

Im Verborgenen
schwirren lauter Spiegelscherben,
deren Glitzern
sich in Stille bohrt.
Alle bluten
aus dem Heimlichkeitsverderben
in die Gegenwart,
die als Zukunftswunde
sich zusammenschmort.

Gewissheit

Ich schwelge in so Vielem, was mir keine Ruhe lässt. Schmerzlich tritt dabei zutage, dass das Wissen um Erlebtes immer nur im Dunkeln stochert, wenn es sich befrieden will. Denn die Wahrheit ist nur Gegenwart, doch driftet schon im Augenblick in Ahnung und Erinnerung. Ich schau mich um, begreife Gegenstände, Menschen, Tiere und die Einbettung im Fortgang. Die Bewegung birgt das Leben des Systems, erfasst und schon vergangen mit Vermutungen im Sinn. Was ist haltbar, was entrinnt ins Gestern, was ins Morgen? Zu gerne möchte ich die Dinge so vereinen, wie erfahren, oder aber ganz vernichtet wissen, wenn der Unsinn nicht mehr länger überdauert - auf den Punkt gebracht: Ich bin bestrebt, das Reine auf der Reise meiner Suche punktuell zu expandieren. Doch Fragen sind zu statisch, scheint es, sich die Antworten zu sichern - denn der Strahl der Zeit reißt Fetzen aus den Jas und Neins. Was der Augenblick als unverkennbar zeigt, zerfleddert oft Sekunden später durch Verriss, anstatt sich festigend zu weiten. Denn der Blick von Jetzt auf Vorhin schmiert Gewissheit durch den Abstand übers momentane Wissen hin zur Ahnung. Diese wird erneut im Punkt der Aktualität dem Traum von Antworten verfallen ... und so fort. Das Schwelgen bleibt und mit ihm unscharf aller Sinn; selbst am Ende der Gedanken ist das Resümee nicht mehr als ein Verlauf, der das Gebotene durchkreuzt, doch ohne Einhalt zu gebieten.

Überrascht

Nimm dir Zeit und fühl dein Leben,
es ist Wert, ihm zu erliegen,
und bereu nicht dein Bestreben
mit betagtem Selbstbekriegen.

Was du hoffst, sind Illusionen,
wenn Routinen dich begaben,
lass sich Spaß im Regen sonnen,
Tropfen an den Strahlen laben.

Irre zerren Weltennetze,
doch Verrückte lösen Maschen,
necken hier und da Gesetze,
um sich selbst zu überraschen.

***

Gestern, Heute, Morgen

Gestern fand ich keine Worte,
die zu meinem Platze passen;
heute folg ich der Kohorte,
deren Sinne sie erfassen;
morgen leb ich in dem Orte,
der mich zwingt, ihn nicht zu hassen.

Zwischen mir und uns

Welcher Unterschied lässt zu, dass ich die Dinge ganz allein nur sehe, hinterfrage und im Trugschluss missverstehe? Jeder, wenn mein Gegenüber stets zu *euch* gehört und nicht zu *uns*. Begrifflich sind das ‚*Wir*‘ und das davon exponierte ‚*Ihr* und *Ich*‘ doch so verschieden, wie die Ansicht daraus Meinungsunterschiede zu Verbissenheiten macht. Will ich deutlich *meinen* Standpunkt in den *euren* eingravieren, liegen zwischen *mir* und *euch* die Antwortteile unvereinbar. Möchte ich jedoch die Antwort als ein Ganzes fragen können, bleibt mir nur, die Vielfalt aus dem Freiverständnis der Idee zu akzeptieren, welches zwischen *mir* und *uns* die Möglichkeit erschöpft.

Panoptisch zwischen *mir* und *uns* erfragt die Interpretation, was einfach zwischen *mir* und *euch* nicht mehr wär’ als ein Reimphantom.

***

Instinkt

So wie er sich nach oben ringt,
erliegt der Schwerkraft der Instinkt;
die Wurzel treibt ihn stets zurück,
im Kreislauf liegt ein kleines Glück.
Aus der Natur erfährt die Kraft
sich niemals selbst als das, was schafft;
sie ist der Antrieb einer Macht,
die abseits der Verstand verlacht.
Derweil der Kreislauf weiter dreht
und der Emporkömmling vergeht,
erweist der lange Atem Sinn -
dem Denken nur die Zeit gelieh’n.

Jugendwahn

Der Unterschlupf des Jugendwahns
verwittert durch die Zeit;
im Wetterleuchten zuckt sein Tanz
und tritt die Schatten breit.

Das Alter spült der Sommer fort,
der Herbst bringt es zurück;
der Winter zählt die Jahre dort,
wo Frühling zerrt am Glück.

Der Wind entblößt den Menschen nicht,
es ist der eitle Sturm;
so manche Albernheit zerbricht
als König ohne Turm.

Doch eines bleibt im Herzen jung,
ganz ohne ein Versteck:
Es ist die Gleichberechtigung
der Schritte durch den Weg.

Schätze

Die Schätze vergangener Tage
stellt keine Vernunft mehr in Frage;
sie kamen und mussten vergehen,
nur einige blieben bestehen.

Sie ruhen seit fraglichen Zeiten,
um Antwort von Heut' zu begleiten,
verborgen im Schutz der Gedanken
als letzte Bastion hinter Schranken.

Doch manchmal verlass ich die Wege,
durchbreche das Lebensgehege,
bestärke mich durch die Talente
beständiger Lebensmomente.

***

Jahrhundert verlassen

Erlebe Sekunden, vergleiche Minuten,
verbinde zu Stunden erzeugte Statuten.

Verzehre die Tage in traumlosen Nächten,
stell Wochen in Frage, die Monate brächten.

Verwackelte Jahre, Jahrzehnte in Massen,
der Rest auf der Bahre - Jahrhundert verlassen.

Schwarzes Loch der Euphorie

Sie schleppt mich über Stock und Stein,
zuweilen über Feld und Hain,
begegnet bin ich ihm noch nie,
dem Fixstern meiner Euphorie.

Halt' mit Gefühlen kaum noch Schritt,
reiß andere Gefühle mit;
verkenn als Fluss die Umlaufbahn,
die kaum die Flieh-Kraft halten kann.

So bleibt, was um die Schwerkraft fliegt,
mal heiß, mal kalt vom Stern besiegt
und kollabiert zum toten Joch,
verschlingt mich dann ihr schwarzes Loch.

***

Fehlende Markanz

Im Licht zerbricht die Pflicht
von Mattigkeit und Glanz,
betrifft die Streuung nicht
mit seiner Toleranz.
Was jenes noch verficht,
verdrängt Diffuses ganz,
Vergänglichkeit besticht
durch fehlende Markanz.

Mit dem Rücken zur Wand

Ich pflüge Gefühle auf fruchtlosen Ackern
und dünge mit Lächeln den saatlosen Sand,
danach präsentier ich mein rastloses Rackern
als einer von vielen mit Rücken zur Wand.

Alleine der Glaube begeifert die Blüten,
entfernte Signale sind Trost für den Mut,
ich drehe mich um, um die Lichter zu hüten,
es kitzelt im Rücken, und das tut mir gut.

Die Stille dahinter entkleidet mein Denken,
war niemals was andres im Rauschen der Not,
ich ließ mir die Ernte von Geistern nur schenken,
doch was sie berührten, das war bereits tot.

Noch immer bemüht, meine Haltung zu wahren,
verwirbeln die Schwerter des Stolzes den Staub,
vielleicht liegt ein Zauber im großen Gebaren
und schenkt mir von vorn, was von hinten ich raub.

Schaben

Die Welt gehört den Schaben,
gewohnt, sich still zu laben,
in Jahren oder Wochen
an unser aller Knochen.

Sie zieh'n im Finster'n Runden,
belagern letzte Stunden,
und wenn wir sie zerdrücken,
belächeln sie das Bücken.

Im Kampf ums Überleben,
wenn wir uns übergeben,
erschmausen sie im Feste
als Hauptmalzeit die Reste.

Bewohnen die Skelette,
entehren ihre Stätte,
um auf den Arroganzen
den Modertanz zu tanzen.

Das Warten hat ein Ende,
für Wächter keine Wende,
sie furchen weiter Spuren
auf fleischverseuchten Fluren.

Spiel ums Leben

Die Straße ist verstopft,
es stockt der Puls im dreisten Fluss;
am letzten Hause klopft
der Tod auf ziemlich großem Fuß.

Das Blaulicht bricht im Ziel
durch finstre Kutte auf die Wand,
dazwischen liegt das Spiel
als aufgesetzter Ignorant.

Die Zeit ist immer gleich,
jedoch die Zeiten ändern sich;
der Sensenmann bleibt reich,
weil Ohnmacht Schnelligkeit erschlich.

Sein Schatten schluckt das Licht,
das weit entfernt am Zuge ist;
die Absicht reicht doch nicht,
wenn sie am Streben sich bemisst.

So bleibt nur dem Triumph,
dem alten Sieger sich zu stell'n;
die Sinne wurden stumpf,
als sie begannen aufzuquell'n.

Tief in der Siedlung

Tief in der Siedlung, da wohn ich alleine,
lebe mich ein, noch solang, wie ich's kann;
klopfe an Wände der Nachbargebeine,
Flure aus Erde durchkreuzen den Wahn.

Atem schlägt um sich und findet kein Fenster,
Rufe versperren den Platz um mein Bett,
Schweiß ist das Kleid prophezeiter Gespenster,
ist er versiegt, dann versickert das Fett.

Langsam kehrt Aufruhr der Stille den Rücken,
flieht in die Festung und lässt mich dann los;
bis mich die Mauern verdauend erdrücken,
legen Gedanken die Antwort nicht bloß.

Nur noch ein Kratzen erbebt meine Lider,
decken die Nester der Maden schon zu.
Sind es die letzten Momente der Glieder
oder Verwerter der ewigen Ruh?

Verzehrt von den Früchten

Verzehrt von den Früchten
verlernte ich 's Züchten,
erzürnte die Pfründe
begehrlicher Gründe.

Verlor die Ekstasen
vom Grundsatz an Phrasen,
vergötterte Spitzen,
die wurzellos blitzen.

Die letzten Pailletten
verkleben wie Kletten
die Stoffe zu Zoten
vergreisender Boten.

Nicht Zorn und nicht Freude
nicht Gabe nicht Beute,
verbleiben verlangend,
um Fortbestand bangend.

Was ist das?

Was ist das, das das Licht entfacht,
doch so, dass ich 's erfahre;
was ist das, das sich nicht erklärt
und mir die Freiheit lässt?
Was ist das, das ich nicht erdacht
als Frage mir bewahre?
Es ist etwas, das sich nicht schert
um Neubeginn und Rest.

Was ist das, das im Tode schwebt,
das Leben nur verschenkend;
was ist das, das nicht gnädig ist
und sich als Glaube tarnt?
Was ist das, das das All erbebt,
mich zeugt, doch nicht bedenkend?
Es ist etwas, das mich vergisst,
doch sich mit mir umgarnt.

Was ist das, wenn das Licht erlischt
und mich von mir entfremdet;
was ist das, das dann weiterhin
als Möglichkeit verbleibt?
Was ist das, das die Zeit verwischt
und anfängt wo es endet?
Es ist derselbe Neubeginn,
der wen als mich beleibt.

In der Schleife

Dass ich abends schlafen gehe, liegt doch nur am Willen der Natur, mich lahm zu legen, weil es ihr so passt. Was ist Romantik in der Nacht, welche sein muss, um zu existieren? Ein Zeitvertreib, ein wahres Glück? Erwogen aus der Leichtigkeit, den neuen Tag zu überstehen? Ich erliege wenig später dem Erwachen, und dazwischen barg der Augenblick des Schlafes das Vermächtnis meiner Wünsche. Doch er gibt es nicht mehr frei, als ich versuche es zu packen zwischen Augen-Aufschlag und Gewissheit. Auch nachgefasst ergreife ich nur Leere, deren Ursprung ich als Sinn der letzten Abendstunden nicht entdecken kann. Der Tag beginnt, verrinnt, vergeht - und schon erlebe ich mich wieder in der Schleife. Manchmal schlägt die Stimmung fehl; ob mit, ob ohne Wein im Glas - doch nie gelernt daraus, dass eh nicht bleibt, was noch nicht ist, versetzt mich das Gefühl schon bald erneut. Ein Spiel- nicht Weggefährte scheint die Existenz für Liebeleien aller Art zu sein. Was kann das eine, ohne jede Kraft, das andere zu nutzen? - Sie sind nur da, wann immer sie sich treffen - um dem Sieg der Nachtsekunde etwas Zeit zu nehmen.

Schnitter

Das Leben, das im Gras verdorrt,
ist wie der Menschen Zeit;
der Schnitter fegt die Halme fort,
was nachwächst, trägt sein Kleid.

Ob jung, ob alt, ob mittendrin,
der Wind umspielt das Glück;
ein Wirbel, und die Zeit ist hin,
nichts bleibt im Feld zurück.

Beleben und Entleiben heißt,
dass alles sich ergibt;
worin sich auch ein Tag verbeißt,
das Jahr bleibt unverliebt.

Die Siege sind ein Teil vom Spiel,
doch letztlich straft das Patt;
auch dies ist noch vorm Sterben viel -
es setzt das Leben matt.

Sozialpanoptikum

Sozialpanoptikum

Weltuntergang

Es wird still um den Verdacht,
dass die Welt bald untergeht,
denn Geschäfte sind gemacht,
nur damit sie sich auch dreht.

Ob nun Gottheit mit 'nem Schiff,
ob des Universums Knall,
ob der Theorien Schliff:
vorher rechnet sich die Zahl.

Kurz davor denkt niemand mehr,
nur am Tage X vielleicht,
denn das Jahr war gleichsam leer,
dass er kurz nach sich entweicht.

Später sind die Hälse voll,
sind nur müde, nicht mehr bang,
aktuell ist, was es soll,
bis zum nächsten Untergang.

Europas Westentasche

Aus der Krise zieht der Zaster
wieder mal ein Staatsdesaster,
als die Souveränitäten
einen Souverän bekneten.

Der am Boden liegt, muss sparen,
dort, wo nie Moneten waren,
denn die raren großen Kassen
sich den Schuldenberg erlassen.

So beschwichtigt, bleibt der Euro
weiterhin ein Umsatzteuro,
während Drachmen sich verschwören,
auf die Mark nicht mehr zu hören.

Feist versteckt das Säckel bieder
demokratisch Armutslieder
durch Errungenschaft der Masche
in Europas Westentasche.

Im Ring

Geifernd zerreißt mir die Meute die Sinne,
biestig verzückt grinst ein lechzendes Weib,
hier kauen feiste Zigarren Gewinne,
dort jagt der Ring den Verstand aus dem Leib.

Hitze verschmilzt kaltes Licht mit den Schwaden,
alles scheint eins mit dem muskelnden Fleisch,
gierige Augen im Nummerngirl baden,
schwitzen die Lust zum orgastischen Streich.

Wieder und wieder geht einer zu Boden,
Rage ersehnt sich den Absatz im Kopf,
Kämpfe wie dieser gäb' 's kaum ohne Hoden,
doch die Bemannung vergibt keinem Tropf.

Prall in die Runde, den Wahn zu entscheiden,
schon liegt der Gegner im zuckenden Hirn,
schieres Entsetzen traut kaum, sich zu weiden:
Los doch, sonst wird das Gefühl noch verlier'n.

Endlich reißt jemand den Arm in die Höhe,
standhaft wie Fruchtbarkeit aus dem Vulkan,
Flutlicht begeistert die Siegestrophäe,
drunter treibt nichts mehr die Blutleere an.

Menschheit

Die Menschheit geht nicht schlafen,
sie sucht nur schmerzlich Ruh,
wer schläft, zählt zu den Schafen,
wer kauert, hört nicht zu.

Die Menschheit weckt kein Morgen,
ist ständig auf Hab Acht,
wer aufwacht, hütet Sorgen,
wer hochschreckt, nicht mehr lacht.

Die Menschheit lebt den Tag nicht,
sie übersteht die Zeit,
Momente sind verwirklicht,
das Überlebte schreit.

Die Menschheit fällt in Schwärze,
der Mensch führt sich zum Traum,
den Tod bezirzt die Kerze,
die Totenruhe kaum.

Schrift an der Wand

Ich las die Schrift auf einer Wand,
erst neulich, doch schon lange her,
die Lettern standen wie auf Sand
und stolperten den Sinn fast leer.

Ein Zeichen setzen wollten sie,
gefärbt um stark ins Hirn zu zieh'n,
verblödet oder mit Esprit:
Die Welt? Der Schreiber? Wer ist hin?

Dann pressten Wolken Schwarz aus Grau,
verhalf Kontrast zur Explosion,
doch blies sie kaum Gedanken schlau,
denn Tropfen spülten sie davon.

Der Regen klärte bald den Spuk,
zwei Kinder sprangen auf zum Tanz,
die Sonne ihre Schatten schlug,
verdeckten Farbenreste ganz.

Srebrenica

Kein Kreuz beschwichtigt das Gespenst,
kein Grabstein zehrt Erinnerung,
so offenbar, dass du verbrennst,
in Asche der Erniedrigung.

Die Stille stirbt zum Tod hinweg,
die Luft entzieht dem Raum die Zeit,
entlockt die Schreie dem Versteck
und scheint zum Atmen kaum bereit.

Der Boden deckt Vergessen zu,
noch immer sucht sich, was geschah,
die Toten geben keine Ruh,
die Mörder sind im Herzen da.

Im Licht der Sonne flieht der Tag
und zerrt die alten Seelen mit;
wer immer mit ihm gehen mag,
wird kaum versteh'n woran er litt.

Marktplatzödnis

Ich trage Sensationen
auf den Marktplatz, und ich seh',
es könnte sich gerad' lohnen,
dass ein jeder sie versteh'.

Umgeben von Bewandtnis
mache ich sie offenbar,
der Ort ist wie Atlantis,
so ersehnt, und doch nicht da.

Noch hoffe ich auf Antwort,
bin gewiss und harre aus,
die Nachricht sich ins Land bohrt,
kehrt Aha-Momente raus.

Ernüchternd treibt die Blüte
hin zum Welken ohne Frucht,
denn was ich aus mir biete,
jeder selbst aus sich nur sucht.

Am Ende flieht die Stätte
die Enttäuschung nicht allein,
denn was ich gerne hätte,
scheint mit jedem fort zu sein.

Dunkle Energie

Geisterhellte Sterne führen dunkle Energie,
und je mehr es Licht wird, umso dunkler werden sie,
eingeheizt mit Feuer der entflammten Theorie
brennen sie nun Löcher in die Hintergrundmagie.

Schwarz um Schwarz befleckt die neue Mode alten Geist,
was sich nicht erklären lässt, wird wissenschaftlich dreist,
früher hat man Früchte nach der Ernte erst verspeist,
heute ist man satt, wenn man erfunden hat, wie's heißt.

Dunkel bleibt es nach Erkenntnis, dass das Licht nicht gilt,
Forscher sind verschämt, weil um die Ecke Wahrheit schielt,
geben sich die Blöße, doch vertrauen ihr ganz wild,
nichts ist je verloren, wenn es keine Rolle spielt.

***

Action-Freak

In monumentaler Zerstörung
verstirbt der Verlust der Verschwörung,
die Logik zertrümmern Geschichten,
die nichts außer Trümmer berichten.
Zersetzt lässt der Geist sich zerstreuen,
nicht fähig, die Fehler zu scheuen,
er schwimmt durch mediale Verpflichtung
im Schreddern verfilmter Vernichtung.

Neonblödeln

Das Label klebt Klamotten auf die Haut,
im Neonpöbeln sich das Teeny traut.
Den Stolz des Portemonnaies aufs Spiel gesetzt,
weil nichts im Hirn die Einsamkeit verletzt.

Gekichert breitet Pubertät sich aus,
doch kaum zum Opportunitätsapplaus,
denn jede neu entdeckte Ungestalt
macht neuerdings nicht vor sich selber halt.

Verwendung der Gefühle heimlich schmort,
was früher Spitzen setzte, heute bohrt,
der Psychologe seine Ohren spitzt,
was er nicht findet, wird normal geritzt.

So stürzt die Zeit die Jugend in den Wahn,
war immer so, und niemand Schuld daran,
die pure Nacktheit stirbt schon nicht davon,
mit Gas im Kopf als Emo-Luftballon.

Doch Träume platzen und verdrängen Frust,
das ist den Träumefängern wohl bewusst,
begrenzen weiter deren Horizont,
weil kurz dahinter schon die Wahrheit thront.

Raffzahn

Die miese Tour den Raffzahn nährt,
solang die Zeit ihn aufwärts fährt,
solang das Portemonnaie sich leert,
solang der Sklave sich nicht wehrt.

Die eigne Spur ihn bald beschwert,
weil er sich durch die Enge zehrt,
weil Sättigung nicht billig währt,
weil nichts die Billigkeit erklärt.

Am Ende er nichts mehr ernährt,
die Abgenagten sind entbehrt,
die Gläubiger das meist nicht schert,
wer gläubig hofft, liegt oft verkehrt.

***

Souverän

Während Rauch
aus den neu gewählten Herrschern dringt,
ist der Brauch,
der Atome souverän bezwingt,
wie der Schmauch,
den ein Flauschtier tot im Krieg erringt.

Wie der Strahl,
dem Verbohrtheit löchrig Einhalt gafft,
ist die Wahl,
die als Füllsel im Begehren klafft,
nur die Qual,
zu sortieren, was noch Ordnung schafft.

Crystal

Kindertage phantasierend
schwenkt die Schaukel das Gemüt;
jede Zeit danach verlierend
dämmert fern ein Spielplatzlied.

Müde frösteln die Gedanken
der Kapuze in den Sand;
Schatten, die um Lichter wanken,
sind aus einem andern Land.

Scheinbar willenlos, Figuren,
schlurfen Füße durch den Grund,
kreuzen unbeschwerte Spuren,
kratzen deren Zukunft wund.

Nebulös verrinnen Stunden,
die der Tag nicht mit sich nimmt,
wird sie wieder überrunden,
bis er sie erneut verstimmt.

Wenn die Dämmerung hereinbricht
und die Schaukel einsam schwingt,
hofft der Traum, der in die Nacht sticht,
dass das Lied nicht mehr erklingt.

Verspielt

Für das Schlangentier das Beste,
Geld genug für Haustierfeste,
dazu Streu für das Gehege,
auf dem Boden, Kinder, träge.

Floskeln durch die Tage schweifen,
Schwaden übern Bildschirm streifen,
vor der Flatrate hocken Seelen,
die den Kindern nichts erzählen.

Klingt bedrückend, doch ist praktisch,
denn wer spielt, der lebt galaktisch;
bringt den Erdling nicht zum Stutzen:
Scheint, als würd' es wem was nutzen.

***

Instabil

Den Menschen ziert das Land nicht mehr,
das Land nicht mehr die Stadt,
die Städte kaum des Staates Mär,
weil dieser nichts mehr hat.

Den Staat berühren Staaten nicht,
weil sie sich dran vergeh'n,
der Staaten Kontinent zerbricht,
weil alle nichts versteh'n.

Den Kontinent umspült die See,
bleibt unbestechlich alt,
verknüpft zur Welt die Odyssee,
doch bietet keinen Halt.

Landflucht

Es gibt ein Land,
da möcht ich weder alt,
noch Kind, noch freundlich sein;
das Herz verbannt,
erpressen Sinne kalt
den Anstoß ohne Stein;
steh an der Wand
verbriefter Rechtsgewalt
und muss um Gnade schrei'n,
weil der Verstand
in meiner Missgestalt
kein Rindvieh war im Schwein.

Es gibt ein Land,
da lebt die Diktatur
durch Clownerie im Frust;
von Berg bis Strand
erfreut sich die Fraktur
am Knochenschwund der Lust;
den Restbestand
verschleiert die Zensur
aus meinungslosem Wust;
der Flächenbrand
ist eine Flamme nur,
die du zertreten musst.

Loggerei

Du logst dich ein, du logst dich aus,
dein Schweigen sucht noch nach Applaus,
doch findet nur ein Spiegelbild,
frustriert, zu keinem Wort gewillt.

Das Loggen loggt das Logggespenst,
kennt dich, wie du die andern kennst;
verloren streut sich Tag um Tag
als Müll, der leere Halden mag.

Du logst dich aus, du logst dich ein,
was einmal soll erfolgreich sein,
das Loggen wird zum Freizeitsport,
mit Fragezeichen im Akkord.

***

Von Schand zu Schand

Befreit erfüllt sich neues Blut
in Strömen alter Mörderwut,
fällt aus dem Feuer ohne Glut
und tut den Feuerlöschern gut.

Es zieht die Ruhe durch das Land,
von Fragen rühmlich abgewandt,
den Rum hingegen eingeplant,
bis zur besoff'nen neuen Schand.

Konstantinsyndrom

Enthoben aus dem Götterwahn,
zu dienen einem Gott,
zerschlug er überm Untertan
den alten Glaubenstrott.

Der Adler fiel in Agonie
fürs neue Monogramm.
Vor welchem Reich fiel auf die Knie,
der auf den Trichter kam?

Die lang Verfolgten boten Ruh,
doch die Getreuen nicht,
gestanden ungern etwas zu,
um noch zu steh'n im Licht.

Im Bröckeln der mondänen Zeit,
die im Vermessen schlief,
schien endlich neu ein Geist bereit,
den lang Erwartung rief.

Doch Zeichen, die der Mensch versteht,
hat meist der Mensch erdacht;
ob durch Vision ob durch Dekret,
kaum selbstlos ist die Macht.

So ist der Kampf denn nie vorbei
und tobt fortan dahin;
Chimären lassen Gott nicht frei,
es sei denn, er will geh'n.

Nachrichten

Im Mittelpunkt des Taggeschehens
steht nicht Mord dem Todschlag vor,
es ist die Absicht des Versehens,
das im Anzug Schick verlor.

Der Sprecher, eingekleidet sicher,
in der Diskussion vergrämt;
im Keks-be-Wein-ten Schlachtgekicher
die Krawatte sich nicht schämt.

Doch intellektuelle Güte
hat ein Nachseh'n im Kalkül;
solang der Krieg bleibt vor der Hütte
heilt die Sympathie so viel.

Der Abend ist fortan gelaufen
und der Moderator süß,
auf den Faux pas lasst uns nun saufen,
der die Welt verheilen ließ.

Romantik eines Wunders

Die Romantik eines Wunders
heizte müden Eseln ein,
schleppten Früchte eitlen Plunders,
um ein bisschen Pferd zu sein.

Doch der Trab verhalf dem Weg nicht
seine Richtung zu versteh'n,
und die Schlager schlugen Weitsicht
kurz und klein im Kreisedreh'n.

Nur der Rückblick fordert Tänze
hier und da zum Sinn heraus,
doch am Kopf der Rattenschwänze,
sind die Lichter längst schon aus.

***

Große Taten

Niemals findet Ruhe
ein Ergebnis der Zäsur,
heuchelndes Getue
spaltet Übergänge nur.

Viele große Taten
treiben pflasternd auf dem Blut,
bis sie darin waten,
um zu sehen, was sich tut.

Unterschrat

Er taugte nichts, so sagte man,
als Meisters Unterschrat,
und war letztendlich Schuld daran,
dass man den Meister trat.

Doch dieser selbst gab den Erlass,
der das Verderben schuf,
allein die Gier des Günstlings fraß
des Postens guten Ruf.

Sein eigner brachte ihn zu Fall,
sie glaubten ihn verdammt,
betroffen blieb nach großem Knall
der Meister stolz im Amt.

Derweil verzeiht der Sündenbock,
fernab vom heißen Ort
dem Flicken auf des Meisters Rock:
Ein Pöstchen stillt sein Wort.

Zeichentrick

Das Leben flieht im Zeichentrick
vor Farben voller Blut,
ein Tag ist ohne neuen Kick
wie Feuer ohne Glut.
Es fällt die Last in eine Lust,
vom Hoch zum nächsten Hoch,
und wird das Popkorn uns bewusst,
versinkt 's auch schon im Loch.

Die Bilder prägen uns ins Spiel,
verkitschen das Gespür,
als Wundertüten sind wir Ziel,
für wen, das weiß ‚Wofür'.
Konturen zucken durchs Gehirn,
die Hemisphären glüh'n,
wir bieten ihnen keine Stirn,
sonst lassen sie uns steh'n.

Vom Niemandsland zum Jedermann
vergeh'n wir früh genug,
wer schlau ist, denkt nicht, was er kann,
er bliebe schmerzlich klug.
Denn sind erst Träume ausgeträumt,
verbleibt kein Geistesblitz;
nur Leere, zackig ausgeschäumt,
erfüllt der Fremdbesitz.

Verzogen

Verzogen
stand an seiner Tür.
Geflogen
ist das Wort dafür.
Belogen
hat es die Manier.
Bewogen,
es ‚zu geh'n', war'n wir.

Gehütet
hatte es so lang.
Gebrütet
jeden neuen Zwang.
Vergütet
mit dem Glockenklang.
Gewütet,
als kein Kind mehr sang.

Verbittert
wollt' allein es sein.
Erschüttert
war nicht Groß noch Klein.
Gewittert,
dass die Luft nicht rein.
Getwittert:
Heizt dem Christkind ein.

Krisenclowns

Gestapelt wird der Wahnsinn
für den großen letzten Tag,
an diesem sei das Geld hin,
das zuvor noch jeder mag.
Drum kosten die Pakete,
denn die Panik schürt den Preis.
Wer führt denn da die Wette
noch um monetären Schweiß?

Es sind die gleichen Geister,
die es wittern und versteh'n;
der Krisenclown wird feister,
um mit Feisteren zu geh'n.
Daheim verbleibt die Demut,
ob verhungert oder satt;
genügend für die Nachhut,
die schon neue Pläne hat.

***

Blanke Gesichter

Fratzen
durchwirken heimlich
die blanken Gesichter
beim seichten Versterben verstümmelnder
Lichter.

Kauernde Weihnachtslust

In Lichtern kauert Lust,
Gesichtern nicht bewusst,
gewuchert aus den Herzen,
als bunt zersetzte Kerzen.

Die Kinder dürfen schrei'n,
klingt froh beim Tetra-Wein,
die Wünsche sind verrottet,
Erfülltes gierig spottet.

Die Äpfel um den Zank
be-sinnt der Abend krank,
der Stimmungsdrang war käuflich,
bedrängte Stimmen teuflisch.

Die Nacht wird schnell zum Tag,
Besinnung ihr nicht lag,
verschwand im Einvernehmen,
dann muss sich niemand schämen.

***

Qualität

Es geht nicht mehr um Qualität,
noch diese anzubieten,
doch darum, diese Rarität
als modisch zu vermieten.

Viele sterben

Viele sterben
unter den Fahnen
ohne ein Grab;
kein Verderben
kann sie verbannen,
weil es sie gab.
Schneiden Kerben
als Veteranen
aus ihrem Stab;
sie vererben,
die auch verrannen:
stoßen sie ab.

Viele trauern,
ohne zu bangen,
dass man vergisst;
Mahnmals Mauern
halten befangen,
was man vermisst.
Jahre lauern,
um zu gelangen
zu einer List,
dass im Kauern
zeitlich verhangen,
niemand mehr ist.

Vergiftet

Der Nebel kriecht einher,
die Ordnung ist ein Meer,
seit Zeiten kein Begehr,
die Gärten peinlich leer.

Die Dunkelheit hält Wacht,
dass niemand länger lacht;
wo etwas sich entfacht,
sind Knöpfe zugemacht.

Die Gasse schlängelt leis'
durchs Straßendorfgeheiß;
das Ende dieser Welt
den Anfang kaum entstellt.

Vergiftet liegt ein Hund
im Gartenzwergenschund,
die Welt war ihm zu rund,
der Nachbar hält den Mund.

***

Lynchmob

Zur Schau gestellt,
die Welt geprellt,
ins Heil geschnellt,
doch kaum erwählt.

Was übrig bleibt,
die Zeit vertreibt,
Geschichte schreibt
und Hände reibt.

SOS Europa

Not, verstopft mit hehren Pfropfen,
die an Bankens Türen klopfen,
während dessen edle Tropfen
die Gefühle zwangsentkropfen.

Geld, das niemanden verbrüdert,
Schuld die Schuldigkeit erwidert,
hin und her, doch kaum vergliedert,
bleibt der Wunschtraum angebiedert.

Die sich nutzlos wichtig prahlen,
später sich von dannen aalen,
wenn das große Fäusteballen
nichts zurücklässt zum Bezahlen.

***

Kneipenwandel

Romantik verschüttet
vom Bräu neuer Zeit,
die Straßen zerrüttet
im Neongeleit,
die Flaschen zerschmettert
im Glas alten Lichts,
mit Bierdosen wettert
ein Saufbold um nichts.

Belastet

Belastet mit dem, was Bedarf uns nicht lehrt,
bedürfen wir alles, was sich nicht verwehrt,
zu haben, bedeutet versunken zu sein;
umgeben vom Niesnutz, das faule Gebein.

Gepredigte Demut vor Mutter Natur
beschleicht das Gemüt gern als Geistpolitur,
bewogen erzeugt es den Willen im Hirn,
behutsame Kerzen den Großbrand verzier'n.

Vom Sparen benommen verbraucht uns das Geld,
was zwanghaft verpönt ist, das doppelte zählt,
Geschäfte zum reinen Gewissen gemacht,
woanders durch Wissen ins Reine gebracht.

Verlangen verwildert Verständnis mit Schmus,
belehrt zum Verzicht, wo Konsum wuchern muss,
der Hunger verlangt nach Verhungern mit Fett,
die richtigen Fresssäcke aasen adrett.

Froschgebet

Die Tragik rührt das Feingefühl,
kam einst abhanden im Kalkül,
erwacht im Emotionsurknall
bei einem Auto-Frosch-Unfall.

Die Rettung naht mit Medizin,
der Frosch siecht kostenfrei dahin,
die Veterinärin schenkt ihm Ruh,
und die Nation schaut leidlich zu.

Derweil verstirbt der Fahrer leis'
ein toter Frosch - ein hoher Preis:
die Feuerwehr kam nicht zu spät,
nur nicht hindurch, durchs Froschgebet.

***

Form vs. Norm

Ein dünner Pin erwuchs im Zorn
zu einem geraden Stab mit Dorn,
verwehrte sich der plumpen Norm
gewann darunter stolze Form.
Darüber ward der Dorn zum Korn
darunter fett das Maß verlor'n,
ein Pickel schmückt die Uni-Form,
drückt Haltung in die alte Norm.

Modern und kompakt

Von Blut und Urin sind Toiletten umflossen,
der Ärger verbleibt auf dem Marktplatz als Schmerz,
anstatt ihn zu stillen, sind Klos nun geschlossen,
den Mut, dies zu ändern, verlangt zuviel Herz.

Nach Hause zurück, doch das Ziel wird umgangen,
die Stadt hat kein Geld für den Müll auf dem Steig,
bald finden sich alle im Aufschwung gefangen,
in Notunterkünften, modern und mit Streik.

Bei lustigem Quengeln und pampigem Kuschen
versucht sich ein jeder im Suchen des Ziels,
nicht leicht, was zu finden vorm großen Vertuschen
beengender Ohnmacht bezüglich des Spiels.

Die Welt ist nun kleiner und damit auch schneller,
was hinten nicht stimmt, stutzt sich vorne zurecht,
der Marktplatz ist nah und Zuhause im Keller,
der erste so still und das zweite nicht echt.

Derweil drücken Berge verpasster Momente
als Schicksal der Faulheit die Augen schön zu,
der Müll unterm Abraum verbliebner Talente
als Alibi sorgt fürs Verkommen der Ruh.

Kunstprostitution

Überzeugt von seiner Liebe
ist ein Künstler nur allein
für Talente ohne Triebe,
wenn die Gönner nicht mehr schrei'n.

Dann beschenkt er mit der Mühe
seine neue Einsamkeit,
in der Hoffnung, dass sie ziehe,
doch er kommt damit nicht weit.

Und betrügt er seine Muse,
lässt sie ihn im Regen steh'n,
denn das heimliche Geschmuse
ist der erste Schritt, zu geh'n.

Ungeahnte Dimensionen
seiner Kunstprostitution
werden Freier nun belohnen
mit Befriedigung und Hohn.

Auf dem Kreislauf der Spirale
fordern Fetische Tribut,
bis die nackte Kunstrandale
Falten wirft auf dünnem Blut.

Sind die letzten Tropfen trocken,
und ist Lustbarkeit verheizt,
wird die Neulust bald schon locken,
was die Muse nicht mehr reizt.

Der letzte Flüchtling

Alleine kreuzt der Letzte
bis zum letzten Tropfen Sprit;
die Meute, die ihn hetzte,
fliegt schon lange nicht mehr mit.

Er taumelt über Meere,
seine Hoffnung im Gepäck,
doch unter ihm die Schwere
nimmt den Höhenflug ihm weg.

Er sinkt, um nicht zu stürzen
mit der Würde seiner Schmach;
wo nichts mehr bleibt, zu kürzen,
stellt 's dem Kürzenden nun nach.

Verzweifelt in der Liebe
für den Rattenschwanz an Bord,
vollstreckt er letzte Hiebe,
doch sie geh'n nur vor ihm fort.

Teufelsaltruismus

Der kleine Finger neckt die Gunst,
er kriecht aus Faustes feister Brunst,
erbietet sich als Kleinodfreund,
der um die Lust, zu greifen streunt.

Wer langt nicht zu im letzten Hemd,
umfasst die Lockung ungekämmt,
doch ist es sie, die fortan zerrt,
und sich hingebend nehmend nährt.

Das Opfer windet sich verkannt:
Seht her es nimmt die ganze Hand!
Doch ist sein Nehmen nur ein Krampf
in Faustes Selbstdarstellungskampf.

Am Ende fällt das Leiden ab,
und auch die Faust fühlt sich ganz schlapp,
versenkt sich aalend in der Not,
geschwächt durch undankbaren Tod.

Abschaum?

Abschaum schwemmt die Gischt zurück
ins Land der Tradition,
schmiert dem weißen Sand ins Glück
den hochgebor'nen Hohn.

Zwischen ihren Fronten stirbt
das Unbewusstsein laut;
niemand, der für Ruhe wirbt,
sucht Wurzeln unterm Kraut.

Wehret jene Apathie
der einheitlichen Gunst:
Sieht die einen nur als Vieh
und sich als Menschheitskunst.

Noch vereitert dort der Schmutz
aus eigner Wunden Pracht;
bald schon bietet nichts mehr Schutz,
was Wunden blutend macht.

Wahr und gerade

Jeder ist sich selber nur ein Dorn im eignen Auge,
alle glauben anderes, doch wissen um den Clue,
jeder hofft, dass niemand sich den Tag aus Fingern sauge,
Abends gibt die Müdigkeit die Wahrheit meistens zu.

Manche fallen auswärts, um die Masse zu bestechen,
diese findet sich bestätigt im System der Zeit,
hier und da sich langgeweilte Pommes dafür rächen,
schlagen auf die Kinder ein und leugnen jeden Streit.

Andre scheucht die Einfalt durch die Zwietracht der Standarte,
glätten sich die Norm zur Spitze ihrer Parität,
manchmal zischt ein Funke aus der einzig wahren Sparte,
zieht in die Verklemmung, wo kein Leben sich besteht.

Niemand fällt am Ende aus der Rolle der Erfahrung,
auch wenn manches Mal das Leben nach dem Tod noch lügt,
oft verwelkt es vorher nur aus Mangel keiner Nahrung,
das was bleibt, ist wahr und gerad', egal, wer 's wann verbiegt.

Fern der Blicke

So weit verströmt Unscheinbarkeit,
die Schönheit nicht erträgt,
so schmutzig ist das Sommerkleid,
das Blicke nicht erregt.

Die Haare kleben um den Kopf,
der grob darin versinkt,
verenden kaum zu einem Zopf,
aus dem kein Wille schwingt.

Die Züge stützen das Gesicht,
damit es nicht zerfällt,
nur hier und da gezerrt ins Licht,
zum Kratzen an der Welt.

Die Haut ist eingedickt vom Dreck,
davor war sie zu dünn,
die Hände sperren Arme weg,
der Schneidersitz die Zeh'n.

Der letzte Stolz verlässt gebeugt
den Raum der Offenheit,
die Missgestalt darum erzeugt
nur Fluchtbetroffenheit.

Doch bleib ich steh'n und schau dorthin,
wo nur ein Mensch vergeht,
dann kann ich jene Schönheit seh'n,
die fern der Blicke fleht.

Virtuelle Löcher

Immer, wenn sie keine Menschen mehr finden,
versinken sie heimlich in Netzen und tun 's;
schälen sich Schuppen des Seins von den Rinden
und kleben sie in ihre Onlinecartoons.

Fallen nur auf, um nicht nieder zu gehen,
begehren doch nichts im Verbundenheitsschwund;
krallen den Teppich mit lauflosen Zehen
und denken sich Wege nach irgendwo rund.

Flutende Meinung vergangener Tage
ergießt sich im Delta ins ‚Nichts ist passiert',
spült nicht hinweg die Versandung zur Frage,
warum sie das Ganze noch interessiert.

Schließlich verklicken sie Stunden der Stille,
um Brüder und Schwestern im Geiste geschart;
wissend um deren durchkreuzende Ziele,
verleugnen sie ihres als längst offenbart.

Zeit ist ein Schlagloch zerbrochenen Willens,
sie fielen hinein, und die Weite war hoch;
nur ganz weit oben rief Sehnsucht des Stillens,
denn rund um den Horizont starb nur ihr Loch.

Im Untergrund

Es hausen Gedanken in Tunneln der Sehnsucht,
sie streifen durch Tage die Jahre zum Gram,
ein Zug rast vorbei in beliebige Ausflucht,
Gesichter in Fenstern verwehen die Scham.

Die Zukunft verschallt hinter ratternden Löchern,
'nen Fetzen Papier hält der Wirbel in Schach,
der Rest eines Briefes entkommt seinen Häschern,
das Herz drauf, entzweit, schaut dem Suchenden nach.

Nur stillende Echos verbleiben der Ruhe,
in Nischen verbannt sich die Neugier der Nacht,
das nahende Schlurfen verlorener Schuhe
verliert sich im Kuscheln als sinnfreie Macht.

Raumschiffnostalgie

Erfolg gewünscht für den Erfolg,
den niemand nutzt doch gern verkennt,
verpulvert für den Sonnenschein,
der sich in Politik verrennt.

In pharaonengleicher Gier,
entkam der Geist in Galaxien,
noch einmal flieht er heiß davon,
doch wird schon bald zurückgespien.

Ein Stück vom Rausch, museumsreif,
das Aktuelle zieht voran,
der Fortschritt wandert nur rundum
im Hamsterrad der Umlaufbahn.

Die Hoffnung im Jahrhunderttrend
verklärt noch manches Mondgesicht,
bestimmt belebt der Mensch vielleicht
wahrscheinlich nie das Sternenlicht.

Radikal

Es ist der Hass ein Ungetüm,
es ist der Irrsinn eine Not,
es macht die Tat nicht legitim,
die Schuld mit Unschuldstod bedroht.

Es sind die Wurzeln kreuz und quer,
die das Bewusstsein nicht versteht,
es ist der Zorn im Menschenmeer,
der Hoffnung einen Strick draus dreht.

Es ist die Logik des Kalküls,
die beiderseits Bestimmung sucht,
die gleichen Opfer jeden Ziels
sind unzufrieden oder tot.

Bei allem Fall des kleinsten Seins,
verbleibt doch immer auch ein Glück;
kein Recht erhebt den Tag des Schrei'ns
zum ritterlichen Meisterstück.

Virtueller Puls

Der Anfang streckt Gefühle aus,
Routinen zu umschiffen;
wer kleben bleibt, bekommt Applaus,
der Rest wird ausgepfiffen.

Zur Mitte hin vergilbt die Lust,
das Lächeln zu erzwingen;
zur Notdurft wird ein jeder Frust,
die Wahrheit zu verbringen.

Das Ende schleift die Reste fort,
klammheimlich wird gestorben;
was virtuell war, ist kein Ort,
so ist auch nichts verdorben.

Schuhe

Sie zählte Schuhe in der Sonne,
zählte Schuhe in der Nacht,
zählte Schuhe kalter Klone
und im Regen - sie war acht.

Sie zählte Schritte großer Eile,
zählte Schritte ohne Trost,
zählte manchmal eine Weile,
selten freundlich, oft erbost.

Sie zählte Tritte der Verachtung,
zählte Tritte aus Verseh'n,
zählte Tritte zur Verfrachtung
und den letzten, einzugeh'n.

Sie zählte Echos im Verklingen,
zählte Echos, die nichts tun,
zählt ein Echo aus dem Ringen,
das sie einlädt, auszuruh'n.

Zu Diensten

Für zwei Mark fünfzig wienert
eine Servicekraft die Suite;
nur weil sie dafür dienert,
der Bediente Fäden zieht.
Verweigerte das Mädchen
nicht alleine diesen Hohn,
verschöben sich Gefälle
zwischen Pomp und Hungerlohn.

Doch fände sich in Bälde
eine neue Angst zum Mut;
in Ehrfurcht vor dem Gelde
bricht die Schelte jede Wut.
Das Trinkgeld spiegelt Wohltat
aus des Eckzahns goldnen Glanz;
sein Biss ist die Vampirsaat
für loyale Ignoranz.

Interpre-

Ich bin noch froh,
denn ich bin so,
wie's euch gefällt
in unsrer Welt.

Doch drift ich ab,
macht Freundschaft schlapp,
ein falsches Wort
macht Sein zum Sport.

Zum Schluss wird 's leer,
versteht nichts mehr,
die Interpre-
tation tut weh.

Stimmungspanoptikum

Stimmungspanoptikum

Winterhauch

In des Todes Ursprung
schneidet Atem Raum für Leben,
Herz will aus der Wallung
seinen Puls der Kälte geben.

Worte sind verschworen,
flüstern Einigkeit zu Schwaden,
schweben fast verloren,
mit Gedanken, die drin baden.

Licht durchdringt die Weite,
kann die Nähe noch nicht stechen,
stell mich ihm zur Seite,
lass es Hoffnungswölkchen brechen.

Atme zum Vergnügen,
um die Ruhe zu befruchten,
Blicke aufwärts fliegen
zu den Früchten, die sie suchten.

Albatross

Ein Albatross berauscht den Wind,
Lebwohl die Schwingen trägt,
er ist, wie Albatrosse sind,
von Eigenheit bewegt.

Verloren hat er seine Lieb,
ein Schicksal durch die Zeit,
für viele andre etwas blieb,
doch nicht für stilles Leid.

Geprüft fand einst die Zukunft Kraft,
zu zweit sie zu besteh'n,
doch was Natur zu Wundern schafft,
muss manchmal auch vergeh'n.

Er stirbt nicht und er lebt nicht fort,
verbringt nur jeden Tag,
umkreist in Sehnsucht jenen Ort,
der im Instinkt ihm lag.

Dort harrt er nicht auf neues Glück,
denn dies hat er gelebt,
er wiegt sich nur im Kreis zurück,
sein Schweigen schwingend schwebt.

Verträumter Blick

Die Transparenz durchwirkt den Blick
und wird zur Toleranz aus Not;
kein Vor darin und kein Zurück,
Gedanken sind der Taten Schrot.

Was eben war, scheint eingefror'n,
Legenden, was die Zukunft prägt;
so eingebettet und verlor'n
erstarrt die Zeit, die mich erträgt.

Der Himmelstürmer Leidenschaft
ist eine Mär, ein Jugendtraum;
verlassen hat den Drang die Kraft,
Geschaffenes bestärkt sie kaum.

Es wabert durch ein Vakuum,
dem nichts die Fülle einverleibt;
es expandiert und ist schon um,
bevor es eine Blüte treibt.

Beliebigkeiten sind verspielt
und zupfen nur an Intension,
und eh es mich zu Tode schielt,
läuft nichts vor Nichtigkeit davon.

Elemente

Bin umringt von einer Stille,
die nur Elemente kennen,
liegen ohne Wunsch und Wille,
wo wir Schwäche stärker nennen.

Von Vergessenheit umgeben,
spielen Lüfte mit den Zweigen,
alles scheint durch sie zu leben
und der Zeit den Weg zu zeigen.

Überdacht von einem Feuer,
liegt die Furcht in sichren Händen,
wird ihr nicht zum Ungeheuer,
wenn sie weiß, es nicht zu blenden.

Weit darunter hält die Erde
das Ergebene geborgen,
und der Rücken freier Pferde
führt die Tage in den Morgen.

Überm Wasser schließen Kreise
mit der Kraft aus Allem Frieden,
und am Ende jeder Reise
fällt zusammen, was verschieden.

Herbstlicher Zwiespalt

Am Boden kreist der Nebel,
um den Sommer zu zerteilen,
der morgendliche Knebel
lässt die Stille noch verweilen.

Das Licht erhellt schon Wipfel,
und der Träumer will sich fragen:
Sind dies nur letzte Gipfel,
oder hat es was zu sagen?

Darunter aufgegeben,
liegt ein Schatten von Verderben,
der letzte Kampf ums Leben
wird so spät nichts mehr umwerben.

Zu schnell vergehen Stunden,
die den Zwiespalt untermauern,
der Herbst setzt erste Wunden
und lässt Seufzer darin kauern.

Erheben sich die Schwaden,
wird noch heute neu geboren,
was morgen grau beladen
und ein weitres Stück verloren.

Regenfenster

Tropfen pressen Impressionen
tausendfach ins gleiche Bild,
Peitschen, die das Zerren klonen,
spiegeln die Gedanken wild.

Wischen Sichten von den Augen,
wie das Kratzen nichts vom Jucken,
Wirren, die zum Glauben taugen,
werden in die Röhre gucken.

Tropfen pressten Impressionen
abgedriftet aus dem Licht,
dort wo ihre Schatten sonnen,
stimmt der Trug noch immer nicht.

***

Nachtverbannt

Sternenlichter
knüpfen Himmel zu Gedanken,
Mondgespenster
schlagen durch der Schatten Schranken;
Angesichter,
die am Tag ihr Opfer kannte,
sind nun Fenster
für zur Nacht ins All Verbannte.

Am Strand von Goa

Am Strand von Goa zieht das Wasser
meinen Glauben in die See,
die Differenzen werden blasser -
Differenzen ohne Weh.

Erdrückten harsche Heiligtümer
ehedem das Glück mit Gott,
erfuhr der wahre Weltenkrümmer
später sein gerechtes Lot.

Ein Mädchen neben mir besinnt sich
auf den Kreislauf durch das Licht,
ein alter Mann, ganz selbstverständlich,
stört sich Richtung Mekka nicht.

Dazwischen sammeln die Gedanken
keine Unterschiede ein,
denn sie verbleiben hinter Schranken,
um davor ein Mensch zu sein.

Weihnachtsmonster

Die Waschmaschine ist entzwei,
das Weihnachtsfest ist nicht mehr frei,
das Tischtuch noch vom letzten Jahr,
es blieb im Schrank, so wie es war.

Nun riecht es durch den neuen Schmaus
und lacht mit alten Flecken aus,
was sich doch nie geändert hat,
die Kinder drücken Krümel platt.

So wandert wieder dieses Tuch
vergessen in den alten Fluch.
Die Waschmaschine plötzlich lebt,
vom Restgeld das sie frisch verklebt.

Zur neuen hat es nicht gelangt,
was uns vom Tuch entgegen prangt,
wenn 's Weihnachtsmonster Wünsche frisst
und schmutzig wie die Wäsche ist.

Glaub daran

Die Zeit fühlt sich nicht mehr zuhaus',
der Regen rief mich durch den Wind,
verschreckte tief in mir das Kind,
so sah der Winter niemals aus.

Ich male Tränen auf das Glas,
im Fenster fehlt der weiße Glanz,
kein Lied passt zum verlor'nen Tanz,
ich warte, wo das Christkind saß.

Das Licht verschwindet aus dem Tag,
kein Aufbruch in die lichte Nacht.
Was haben sie mit ihr gemacht,
dass ich das Dunkel nicht mehr mag?

Ich frag die Kleinen, sie schau'n groß,
versuche Wünsche zu versteh'n,
die meine Welt nicht um sie dreh'n:
Sag Papa, was ist denn nur los?

Was ist so neu, dass ich's nicht kann?
Ich lass es liegen und dann sein,
bin ganz bei mir, doch nicht allein
und glaube einfach noch daran.

Zipfelmützenwettermännlein

Knarrend tönt es von den Wänden
pfeifend leis' sein Winterlied,
mal auf Füßen, mal auf Händen
turnt es, was es sonst vermied.

Denn das Liegen in der Sonne,
das von selbst das Herz erwärmt,
weicht der winterlichen Wonne,
die nur spürt, wer nicht verhärmt.

Also klettert 's um die Ecken,
manchmal leiser, manchmal laut,
kann sich im Gebälk verstecken,
sind die Mauern hohl gebaut.

Bleibt auf diese Weise munter,
wenn die Kälte schwächen will,
da, schon wieder - rauf und runter,
wird es wärmer, bleibt es still.

Mag die Luft verschwindend klar sein,
und der See klirrt in die Nacht,
Zipfelmützenwettermännlein
lautstark seine Runde macht.

Kaminfeuer

Zungen entlocken Aromen dem Holz,
Finger umklammern die Habgier der Glut,
Lodern zur Krone aus brennendem Stolz,
Funken entreißen sich zirpender Wut.

Lange erhellt dieser ungleiche Kampf,
bringt in den Rest eines Tages noch Licht,
heimlich entweicht hier und da etwas Dampf,
ist er verzogen, erfüllt sich die Pflicht.

Unter dem Fauchen erweicht die Gestalt,
fließt in die leuchtende Schwärze zur Nacht,
Schwäche gebietet dem Mächtigen Halt,
legt sich zu Fuße dem rußigen Schacht.

***

Allerheiligen

Masken fräsen Angesichter,
nicht tradiert, verzerrend Lichter,
Totentänze kalter Boten
reißen Ruhe aus den Toten.

Warm, daneben eskortieren
Kerzen, ohne anzuführen,
das Verdrängte in die Stille,
in Gedanken letzter Wille.

Wo ist Weihnachten

Ich schließe die Tür und verlösche das Licht,
ich sehn' mich nach dir, doch ich sehe dich nicht,
der Nachbar versiegelt mit Läden den Schein,
ist Frieden verriegelt, kommst du nicht hinein.

Begegne der Hast auf dem Wege nach Haus,
sie trägt ihre Last und sieht heimatlos aus,
durchquere die Straßen und such dich im Ort,
dort rennen selbst Gassen der Ruhe noch fort.

Am Marktplatz erzählt sich ein Dorf von der Welt,
es klingt so erwählt wie die Glocken im Geld,
alleine am Rande verkümmert ein Blick,
er reicht nicht zur Schande und auch nicht zum Glück.

Die Kinder des Weines, die niemand mehr hat -
die Nase drückt eines am Schaufenster platt,
es lächelt verlegen, weil 's einfach so ist,
vielleicht noch ein Segen, in welchem du bist.

Im Rücken den Tag, such im Wald ich die Nacht,
zuvor zum Verschlag einen Kuchen gebracht,
danach such ich Wärme im finsteren Hain,
im Nebel da draußen muss Weihnachten sein.

Macht der Lieder

Ist ein Lied der Trauer
eine Sehnsucht nach Gefühl,
sprengt es sicher jene Mauer,
die dein Herz bekerkern will ...

... trifft ein Lied des Glückes
gleichermaßen dein Gespür,
fließt die Liebe des Geschickes
aus dem Herz und schenkt es dir.

***

Mückenblues

Die Mücke scheint so übersatt,
tangiert nicht meine Haut,
am Fenster lungert noch ein Blatt,
noch nicht vom Herbst verdaut.
Der Tag zu viele Stunden hat,
der Morgen stets ergraut,
am Abend findet nichts mehr statt,
was sonst die Nacht erbaut.

Hineingelebt

Ich hab sooft von dir geträumt
und dein Gesicht doch nie geseh'n;
ich habe nie etwas versäumt,
um mir dabei im Weg zu steh'n.

Die Welt verlief in meiner Bahn,
und der Erfolg vergab mein Ziel;
wann immer ich mich neu begann,
verließ ich deinen Traum zu viel.

Mal hier und da hab ich geglaubt,
dass du nur eine Ausflucht bist
und mich der Möglichkeit beraubt,
dass dort die Wahrheit wirklich ist.

Doch heute Abend ist es still,
denn die Gedanken schlafen ein,
ein leichter Wind am Fenster will
den Fluss der Impression befrei'n.

Ein kurzer Schwindel mich befällt
beim Wandern über schmalem Grat;
zu welchem Leben meines zählt,
mir plötzlich deins verraten hat.

Laternen

Flackern im Glanze der Augen, verspielt,
niemand Momente der Kindheit bestiehlt;
einig sind Lichter mit jedem Gesicht,
das das Gesicht der Laterne besticht.

Wenn sie am Abend der Zauber berührt,
Muster des Lichtes die Stimmung entführt,
tanzen die Seelen in Schatten der Nacht,
freuen sich, dass sie aus Leben gemacht.

Dort um die Biegung verschwinden sie leis',
jeder um ihre Beständigkeit weiß;
wenn die Erinn'rung der Morgen erfährt,
bleiben die Seelen der Kinder genährt.

***

Bewitzelt

Wenn der Mond die Sonne vertreibt
und die Baumwipfel kitzelt,
wenn der Kauz die Stille beleibt
und die Schatten bespitzelt,
wenn das Aug' die Müdigkeit reibt
und in Dunkelheit kritzelt ...
wird der Blick, der nachdenklich bleibt,
von Erleuchtung bewitzelt.

Herbstrose

Die Dämmerung zeigt ein bekanntes Gesicht,
es passt in die Sehnsucht, doch Jahreszeit nicht,
ich kann sie nicht riechen in bleierner Zeit,
und doch ist die Rose ein Bild, das befreit.

Die Tropfen im Rampenlicht lösen sich auf,
der Tau wird zu Wasser und folgt ihrem Lauf,
es ist ein Moment da besonnen ich bin,
ich atme ihn ein und verharre darin.

Vergänglichkeit lauert und zerrt am Moment;
wie Träume der schlafende Traum nicht mehr kennt,
entgleitet Erinn'rung ins Sommergefühl;
ein Schauer die Gegenwart aufschrecken will.

Mein Blick in den Himmel ergraut im Gebot,
die Blüte wirkt scheu und verblassend ihr Rot;
vielleicht darf ich morgen mich wieder verseh'n,
in kühler Romantik mich warm zu ergeh'n.

Gamla stan* im Sommer

Golden fließt es durch die Gassen,
lange Schatten suchen Halt,
dort, wo sie sich niederlassen,
ist der Lichterschein nicht kalt.

Schimmern auf den Pflastersteinen
zeugt von klarer Reflexion,
manches Lachen oder Weinen
trägt die Dämmerung davon.

Durch die Stille suchen Strahlen
um die Ecke einen Wind,
letzte Stimmen, die zerfallen,
auf dem Roller noch ein Kind.

Sind die Schluchten hochgezogen
und die Tiefe geht zur Ruh,
hört beim deutschen Kirchenbogen
jemand seiner Liebsten zu.

* Gamla stan ist die schwedische Bezeichnung für die Stockholmer Altstadt

Alleenabend

Der Tag verlässt das Licht entlang
am Sommersonnenuntergang,
die Meilensteine sind passé,
der Bäume Takt beruhigt das Weh.

Entfernt ermunkelt sich die Nacht,
wird langsam auf den Weg gebracht,
derweil verziert geneigtes Licht
die Spitzen der versunk'nen Sicht.

Darunter läuft mein Herz hinweg,
doch nicht davon zu einem Zweck,
nur frei und ohne Widerstand
in ein vom Schein verschontes Land.

Am Ende liegt ein Tag vor mir,
erneut verblendet durch die Gier,
die Widerschein zusammenhält,
doch abends auseinander fällt.

Gegenlicht

Durchstoßen von der letzten Kraft,
vermag der Schatten nicht zu flieh'n,
das Licht, das zwischen Zweigen klafft,
versucht, mich zu sich hin zu zieh'n.

Ich spür die Silhouetten nur,
die wie sie sind kaum einer sieht,
und ahne ihre Leuchtschraffur,
auch ohne diese viel geschieht.

Je mehr ich mich erfassen lass'
berührt mich der Kontrast des Scheins;
so manche Farbe bleibt doch blass
in Anbetracht des reinen Seins.

Ich schließe meine Lider zu,
hindurch verströmt ein warmes Rot,
es ist das Blut in meiner Ruh
und rückt das Los ins rechte Lot.

Herbstliches Urvertrauen

Wenn der Blick ins Teelicht die Kontraste an sich bindet
und der Schatten langsam keinen Gegenstand mehr findet,
ziehen uns die Farben in Gedanken hinterm Schimmern,
blau und golden leuchtet so der Nachmittag dem Flimmern.

Wenn der Takt die Stunden mit Sekundenzeit verewigt,
lauschen wir dem Zeiger, dessen Hast den Tag sonst predigt,
alles scheint so langsam, doch beharrlich zu vergehen,
nichts will sich mehr ändern, noch für immer auch bestehen.

Nur ein leichter Wind verschreckt das neue Urvertrauen,
einzeln fallen Blätter, um dem Stillstand vorzubauen,
doch sie legen sachte sich dem Abendrot zu Fuße,
lassen dem verblieb'nen Gold ein wenig seiner Muße.

***

Mein bester Freund

Regenflüstern
fädelt Träume
in das Nadelöhr der Nacht,
zieht den Faden
durch die Räume,
die der Tag zuvor erdacht.
Treue Nüstern
schützen Bäume
unter denen Freundschaft wacht,
unbeladen,
ohne Zäume,
sind wir beide eine Macht.

Wandelzeit

Ich tanze in die letzte Nacht
mit mildem Sommerduft,
der Mond hat eben schon gelacht
und kühlt die Sonnenluft.

Im Wechsel streichen Schwall um Schwall
um meine neue Stirn;
ich bin auf einmal überall,
nichts bleibt mir, zu verlier'n.

Hier nimmt die Wärme Sorgen fort,
umspült die Lust, zu sein,
die Frische fängt den Atem dort
und lädt zum Wandel ein.

Zur späten Stunde bleib ich steh'n,
bewusst, was mir geschah,
nach Hause werd ich glücklich geh'n
und lieb den Rest vom Jahr.

Nach dem Fest

In flaue Zelte schaut der Wind,
in denen Gäste Geister sind,
im Rausch verbleicht die Illusion,
kein Fest ist je der Zeit entfloh'n.

Tribünen kalt und Gläser leer,
der Alltag hört Musik nicht mehr,
das Flattern klebt der Regen fest,
der uns dem Zufall überlässt.

Ein Herz verwässert im Morast,
die Tombola kein Glück mehr fasst,
ein Hauch Parfüm verliert den Duft
der Jacke, die nach Wärme ruft.

Der Winter ist noch lange hin,
dazwischen scheint sich 's hinzuzieh'n,
das Zelt ist mittlerweile fort,
was bleibt, ein unerlebter Ort.

Zorn des Wandels

Gewölbe zerr'n am Horizont das heiße Firmament,
darüber zwischen mir und ihm ein Lichtstrahl sich verrennt,
er schießt hinab und reißt Partikel aus der Wolkenwand,
zerrüttet die Erwartung, streut Zerwürfnis auf das Land.

Ein Tropfen irrt durch Winde, als er eine Zuflucht sucht,
der schräge Zorn des Wandels hat die Stimmungen verflucht,
im Sonnenschweif erschaudert meine abgekühlte Haut,
auf welcher sich der Tropfen kaum als Regenbote traut.

Kein Donner nach dem Blitz, der keine Himmelsfarben beugt,
die Schwaden stürzen fern, aus Anarchie der Luft gezeugt,
ein leises Prasseln redet ein: Die Welt wird untergeh'n;
dann stirbt es unterm grauen Zelt und lässt das Wetter steh'n.

***

Was augenblicklich war

Was bleibt von dem Gesicht,
wenn ich es selber nicht geliebt?
Es wird nur alt und bricht
aus dem was sich für mich ergibt.

Was gießt sich mir ins Herz,
und zielt durch Augen ins Gemüt?
Es ist der Liebesschmerz,
gelockt von dem Gesicht, das blüht.

Was macht Gesichter gleich,
und nur das eine sonderbar?
Ich glaub, es ist nicht Fleisch,
doch das, was augenblicklich war.

Morgentaulebwohl

Schon früh bedeckt ein Tuch aus Tau
den Morgen nach der Sommernacht,
der letzte Augenblick war lau
und ist als Abschied kühl erwacht.

Die Tropfen trocknet bald der Wind,
sowie die Tränen das Lebwohl,
dann ist der Tag auf sich besinnt
und weiß nicht, was er mit uns soll.

Zur Dämmerung ist alles gleich,
nichts findet unsre Sehnsucht schwer,
der schwarze Himmel, sternenreich,
doch ohne jede Wiederkehr.

Farbklecks

Ich fand einen Farbklecks auf weißem Papier,
es war nur ein Fleck im bestimmten Revier,
er schien sich zu regen, als Starre ihn traf,
den Blick zu bewegen aus geistigem Schlaf.

Die Ränder verschwammen und lösten den Sinn,
von Wahrheit gestohlener Drang konnte flieh'n,
ganz langsam, gelassen, zerlief mein Gemüt
und durfte erfassen, was sonst nicht geschieht.

In Bahnen um Felder erging sich der Punkt,
hat leere Gedanken in Farben getunkt,
sie sprossen wie Blüten aus blumigem Schaum,
ganz ohne die Riten von zeitlichem Raum.

Der Zwänge enthoben ergoss sich ein Bild,
ihm Deutung zu geben, war ich nicht gewillt,
vielmehr karikierte es meine Latenz
als nicht orientierte Bewusstseinssequenz.

Lief über die Grenzen in wirklichen Schein,
dort musst ich erwachen und durfte nicht sein,
ein Blick in das Schweigen zurück auf den Fleck
kann niemandem zeigen mein Seelenversteck.

Fern des Hafens

Vom Hafen meiner langgehegten Traumvergangenheit
vernehme ich den Ruf in meine Selbstverständlichkeit;
die Bilder und die Sprache der erlebten Harmonie
erzwingen durch die Nähe meiner Ferne Agonie.

Gesichter, die gegangen sind, erleben mein Gemüt,
ich weiß nicht nur, ich fühl es auch, was ihrem Herz geschieht;
zu folgen, um zu leiden wäre nur ein Gunstklischee,
was schmerzlich ist, tut einem Freund auch fern der Freunde weh.

Die Ruhe meines Abends grüßt mit Stille übers Meer,
ich weiß nicht, ob sie ankommt, denn sie ist so lange her;
Vernunft hält mich gefesselt in dem Trubel neuer Zeit,
so unnahbar, die Nachricht, doch die Ahnung ist nicht weit.

Eingeebnet

Ein Grabesrest ist ohne Zeit,
vergisst die alte Traurigkeit,
verwittert ahnungsvoll im Tod,
der rundherum erinnernd droht.

Ein Kind verharrt vor dieser Ruh,
und sieht der Jahreszeit nur zu,
an seiner Hand ein greiser Mann,
der sich kaum mehr entsinnen kann.

Zu lang gelebt, um zu versteh'n,
dass niemand fragt, wohin wir geh'n,
das Kind pflückt ein Vergissmeinnicht,
bevor 's der Rasenmäher bricht.

Das Ende weint

Nun fällt der Stift erneut zum Blatt,
weil wieder mal ein Ende weint,
ich fühl mich frei und doch sehr matt,
ein Abschied, der vollkommen scheint.

Noch leben Geister in mir fort,
als wenn ich nie woanders war,
die Zeit versprengte meinen Ort,
aus dem mich kaum ein Tag gebar.

Ich hab geweint, ich hab gelacht
und mir das Leben einverleibt,
das die Figuren lebend macht
und Phantasie zum Wahnsinn treibt.

Schon morgen ziehen sie dahin,
entfremden sich mit jedem Tag,
doch wenn ich auch verflogen bin,
sie wissen, wer mich wirklich mag.

Sinnessturz

Ein Blatt reißt die Gedanken in die Tiefe
und führt vor Augen ihren leeren Weg,
der Tag hat so getan, als ob er schliefe,
nun stürzt er ab und findet keinen Steg.

Die Äste können Blicke nicht mehr fangen,
zu schnell gebieten Sinne Disziplin,
sie wollen die Vergessenheit belangen
und zwingen sie, zu Tatsachen zu zieh'n.

Im Sturz vergisst das Leben schnell die Geister,
der Todesschrei erbettelt eine Frist:
Gib zu, der Freie Fall ist nur dein Meister,
dann bleibst du nach dem Aufschlag, wie du bist.

Fast unten unterschätzt den Sinn die Wahrheit,
das Blatt ist weich gelandet und verdorrt,
erneut erhebt mich etwas aus der Klarheit
und trägt mich aus dem Sturz der Sinne fort.

Keine Wurzeln

Ich löse über Wolken alle Wurzeln
und lasse die Bedeutung abwärts purzeln,
‚Vergessen' ist ein Wort, das noch zu schwer wiegt,
‚Verlieren' schon viel leichter sich ans Sein schmiegt.

Das Licht wirft keinen Vorwurf in die Quere,
es ist nur da, als ob ich sonst nichts wäre,
schau' hin und schaue weg im blauen Frieden,
spür' Wärme, wo nicht Kopfgeburten sieden.

Unendlich lang zeigt Ruhe keine Richtung,
unendlich ist so lang wie Nichtgewichtung,
schon schlingen Wurzeln wieder um Belange,
ich bin zurück aus Angst, ich würde bange.

Gemeinsam gehen

Nur Sekunden weg vom Ende
fängt mein Starren dein Gesicht;
aus dem Lidschlag sprechen Bände,
als es aus dem Tode bricht.

Letztes Zwinkern scheint verloren,
hält mein ganzes Leben fest,
wäre um ein Haar erfroren,
doch dein Lächeln es nicht lässt.

Nicht nur du und ich gemeinsam,
nein, das ‚Wir' uns nicht vergisst;
geht das Licht, bin ich nicht einsam,
weil dahinter alles ist.

Mit dem Rücken zum Licht

Mein Körper entlässt mich am Fuß in den Schatten,
der Blick geht auf Reisen und folgt meiner Spur,
die Sonne im Rücken, die Tage nicht hatten,
erklärt sich mein Denken als Ratespiel nur.

Ich winke gen Osten und suche die Morgen,
dort finde ich Neulust verblichenen Lichts,
dazwischen gekaperte Hoffnung und Sorgen,
die Mauern sind Anker doch halten sie nichts.

Ich mag nicht zu lange im Abseits verweilen,
der Schatten verschleppt schon die Realität,
nach Dunkelheit wird mich das Licht neu ereilen,
doch wenn ich nun geh', find ich 's dort, wo 's entsteht.

Neu verliebt

Ich bin neu verliebt in die Knospen und Hummeln,
sie kitzeln die Zweige im einsamen Baum,
er heißt mich willkommen, zu teilen das Tummeln
mit Lidern, die Brisen erfassen am Saum.

Ich bin neu verliebt in das Kleid frischer Farben,
entlassen das Runzeln aus trübem Gesicht,
verwandelte Clowns, wo sonst Griesgrame darben,
das Gras bettet Träume, das Laken nur Pflicht.

Ich bin neu verliebt in entdeckende Lichter,
sie halten die zaghaften Tagträume warm,
die Braut eines Frühlings hat viele Gesichter,
es liegt die Natur ihm als Mutter im Arm.

Ich bin neu verliebt in das wache Gefieder,
ersetzt nun den Tau und hält Dämmerung frisch,
es singt Melodien gesponnener Lieder,
ich bin neu verliebt in die Welt und in dich.

Sommerpappeln

Hohe Wipfel faden Laubs
schweben weit entfernt im Dunst,
spüre die Bewegung kaum
in der schattenlosen Brunst.

Von der Stille jener Flucht
zeugt die ausgelaugte Luft;
eine Ruhe, die nicht stärkt,
sondern nach Ermüdung ruft.

Monoton zerreißt sie nichts,
schleift den Müßiggang umher,
zwingt den Blick durch mattes Gras
auf der Suche nach dem Meer.

Silhouetten streifen Sinn
in den blassen Horizont,
mein Verstand besucht ihn dort,
kehrt zurück, bleibt unbelohnt.

Nur die Grenze ums Gesicht
drängt mir Leben in mein Hirn,
vorm Gefängnis meiner Glut
lasse ich die Ödnis flirr'n.

Frühjahrspost

Ein Schwarm von Farben fiel aufs Land,
befleckten mild den grauen Frost,
als Saat für Bilder ohne Wand,
Natur erobernd, stille Post.

Kontraste schür'n den Blick, der wankt,
gesättigt hier, dort ohne Sinn;
so wie der Wind die Haut noch zankt,
erfühl ich abseits mich darin.

Mein Unwohlsein in Ungeduld
vermisst den letzten Zeitenschnitt,
schon längst getan und ohne Schuld
hält er mit meinem Schritt nicht mit.

Doch Wochen waschen Tage ab,
das Grau erblindet, Stück für Stück;
bevor ich seh', was sich ergab,
bin ich ein Teil vom Augenblick.

Waldregen

In der Zuflucht klebt die Kühle
in die Augenfalten Schweiß,
und vom Regen, den ich fühle,
niemand über Kuppeln weiß.

Nur durch Brüche grüner Schatten
saugt der Himmel Bäche auf,
doch das Wasser, das sie hatten,
fällt zurück in ihren Lauf.

Noch verweile ich in Schauern,
die erleichtern Laub und Haut,
bis sich hinter ihren Mauern
wieder nichts zusammenbraut.

Zwischenmenschliches Panoptikum

Zwischenmenschliches Panoptikum

Schattentanz

Die Nacht erklart im Augenglanz,
verführt uns zwei zum Schattentanz,
der Mond schaut unsern Schritten zu,
das Lied ergibt sich aus der Ruh.

Erzähl dir unterm Sternenzelt,
auch ohne, dass ein Wort nur fällt,
von dem, was du mir längst gesagt,
als uns der Wein danach gefragt.

Wir schweigen weiter in die Nacht,
sind endlich in den Traum erwacht,
erleben uns, von Zeit entrückt,
als Ewigkeit, die immer glückt.

Der Mond senkt langsam sein Gesicht
und schickt uns mit dem Schlaf ins Licht,
ich möcht dem Tag mit dir entgeh'n
und dich zum Abend wieder seh'n.

Aus dem siebten Sinn

Und wenn ich auch gegangen bin,
sie hat mich doch geliebt,
erschaffen aus dem siebten Sinn,
dass sie es wirklich gibt.

Gedanken formten ihr Gemüt,
die Sehnsucht ihren Charme,
die Einsamkeit das Liebeslied,
mein Streicheln ihren Arm.

Bedenkenlos verlief die Zeit,
denn sie war immer da,
zum Küssen zu unendlich weit,
doch auch gefährlich nah.

Die Harmonie im Übermut
erlebte ich als Glück
und ahnte wohl, wie gut es tut,
verfiel in mich zurück.

Beizeiten schwand das treue Bild,
verschleiert durch den Schmerz,
dann war mein Hier und Jetzt enthüllt,
stach Wirklichkeit ins Herz.

Die Angst ist fort, ich gehe heim,
doch bleibt dein Bild bei mir?
Was ist, wenn Fleisch aus Wunsches Keim
sich bildete in dir?

Güte in dir

Ich sehe meinen Arg in dir,
verspüre, was du schlau verbirgst,
und dein Vertrauen gilt nicht mir,
weil du es mit Verhaltung würgst.

Ich seh' die Zukunft deines Tuns,
verlasse mich auf ‚was geschieht',
die Diskrepanz nervösen Ruh'ns
sitzt aus, was unsre Chance nicht sieht.

Ich sehe mich schon lang nicht mehr,
seit du die Sicht verschlissen hast
und tu mich mit Versöhnung schwer,
obwohl sich nichts mit uns befasst.

Ich seh' ein Lächeln meiner Angst,
das uns vielleicht noch überrascht;
das Gute, das du abverlangst,
ist Güte, die mein Herz erhascht.

Schelte

Ich finde nicht mal Worte
unter steinigenden Sätzen,
nur Lettern, die zerspringen
über Wunden ihrer Wucht;
ich schaue durch die Pforte,
wo noch Salven Sinn zerfetzen,
und seh' die Stille ringen,
die nach Weggefährten sucht.
Ich fange neue Brocken
aus dem Abseits nur mit Blicken,
sie prallen durch das Zwielicht
im Verständnislosen auf;
die Hasstiraden stocken,
als sie Räumkommandos schicken,
die Feigheit ist ein Kehricht,
lässt der Dreistigkeit den Lauf.
Schon drohen letzte Treffer,
die Verdammnis zu besiegeln,
Respekt der Totenruhe
vor der Lebenslitanei;
da treffe ich den Kläffer
im Gesicht aus seinen Spiegeln
und setze im Getue
eine Blickvereisung frei.
Die Stille fällt danieder,
wartet auf die Gunst der Augen,
die Würfel werden fallen
in Sekunden ohne Zeit;
und kehrt nur ein Wort wieder,
um zur Fortsetzung zu taugen,
verwandelt sich das Schallen
in verbohrte Albernheit.

Ableben

Das Schwinden der Verderblichkeit
bezwingt das Leid und Glück,
der Fokus drängt die Sterblichkeit
der Welt auf mich zurück.

Im Fadenkreuz der Existenz
pulsiert geblähter Schmerz,
die Individuallatenz
pumpt Panik in das Herz.

Die letzten Runden Tag um Nacht,
verwirbeln das Gemüt,
spiralenförmig zieht die Macht
zum Punkt, da nichts geschieht.

Bevor es stockt und sich vergisst,
verlässt das Zentrum Kraft,
so unverhofft, nichts mehr vermisst,
es Weite sich verschafft.

Schandmaul

Verzeiht der Stimme aus dem Geist,
die Lieder nicht in Schranken weist,
sie überfiel ihn im Verdruss,
was raus nicht will, entführt ihr Fluss.

Nun liegt es da, das tote Kind,
geboren aus der Lust am Wind;
die Ehrlichkeit noch im Gesicht,
verstirbt der letzte Argwohn nicht.

Zurück in Reinkarnation,
Um-Kopf-und-Kragen-Illusion,
Gesagtes bleibt für immer tot,
egal in welcher Schweigensnot.

Die Zeit heilt Wunden, wenn man will,
Geduld hält Wut ein bisschen still;
auf dass es dieser nicht ergeht
wie dem, nach dem kein Hahn mehr kräht.

Nur ein Abend

Ich finde keine Worte,
um den Abend zu vergessen;
besuche leere Orte
und erinnere stattdessen.

Zerteile die Gedanken
in Verlorenheit und Dauer,
doch hinter ihren Schranken
liegt die Wahrheit auf der Lauer.

Nun lässt die Nacht mich ziehen,
ohne einmal noch zu fühlen;
die Zeit war nur geliehen,
möchte weiter in mir wühlen.

Bald sinkt die Sonne wieder
an der Stätte junger Liebe;
dann summ' ich unsre Lieder,
so, als ob etwas verbliebe.

Kröten schlucken

Die Kröte schluckt der Kompromiss,
verdaut sie schwer im Gram;
die Zielgerade im Verriss
legt manche Wünsche lahm.

Verzweiflung schwächt die Toleranz
bis hin zum Machtverlust;
das Leben ist ein freier Tanz,
der Kröte nicht bewusst.

***

Armer Irrer

Freudlos schießt der Irre quer,
friedvoll dann ins Kraut,
was er sagte, gibt 's nicht mehr,
bis er 's wieder kaut.

Endlos denkt er seinen Plan,
eingegrenzt im Kopf,
wenn er ihn nicht sprengen kann,
bleibt er nur ein Tropf.

Funktionieren im Hallo

Funktionieren im Hallo.
Ach wie geht es dir denn so?
Ja, es muss, und ich bin froh.
Treffen wir uns irgendwo?

Muss ich sehen, ob es geht,
ist ja viel zu tun querbeet,
wo vielleicht ein Loch entsteht,
das dich notfalls um mich dreht.

Dann mach's gut, wir bleiben dran,
bis zum Urlaub oder wann,
überbrückt, was uns mal kann,
bis zum nächsten ‚Was liegt an'.

Helfersyndrom

Die Not der andern im Gepäck,
als Last die keine Früchte trägt,
erschwert die Hilfe auf dem Weg,
der eigenwillig Haken schlägt.

Sie läuft Bedürftigkeit voraus
in steter Güte für das Ziel,
reißt jedem Leid die Wurzel aus
und hortet es mit Stumpf und Stiel.

Nach Haus geschleppt ist der Ertrag
ein Kleinod für die Einsamkeit,
sie bettelt: Frag doch jemand! Frag!
weil nichts um sie von selber schreit.

Nach resignierter Aggression
erfolgt Gewissensknabberei,
denn etwas bleiben soll ja schon
von der humanen Plackerei.

Zu selbstvergessen stirbt die Kraft,
weil sie es nicht verwunden hat,
dass nicht ein Leiden etwas schafft,
was vorher niemand schätzend tat.

Klassenclown

Am Boden verdreht er die Augen zum Schrei,
zerfällt in sein Wesen und fühlt sich zu frei,
die Arme umschlingen die Leere der Lust,
er macht uns die Notdurft des Herzens bewusst.

Hat alles, doch wirft sich mit Zuckung ins Glück,
denn niemand gibt das, was er gab, je zurück,
nur kindlicher Liebreiz verkitschte die Welt,
und als er verschwand, fraß die Eltern das Geld.

Gewachsen, zu leben Ersatz im Exzess,
berechnet Gefühle, nimmt Trost in Regress;
das suchende Nehmen, das niemand erlaubt,
wird Jenes nicht finden, um das er beraubt.

Nun liegt nur sein Lachen in Tränen verquer:
Den Kobold am Boden dem Zorn zum Verzehr!
Wer einhält und prügelnde Worte versäumt,
der hat einen Stein aus dem Wege geräumt.

Nikotin

Bellend schießt ein Hustenanfall durch den Druck der Wangen.
Rosarote Blähung untermalt das fahle Grau.
Tränensäcke halten nach dem Zug den Blick gefangen,
fast schon wie Verblichenheit bedeckt der Augen Blau.

Finger pressen Nikotin im Krampf vergilbter Nägel,
ketten ihre Farbe unaufhörlich ans Gebiss,
kurz darauf zerspaltet Dunst das faule Gaumensegel,
strömt aus Mund und Nase seit der Atem sie verließ.

Wieder sucht das Blinzeln durch die Schleier ein Entweichen,
tränt in die Erinnerung von jugendlicher Haut;
wer zu früh gealtert ist, kann Zukunft nicht erschleichen,
wenn ihn seine Gegenwart beraubt und nicht erbaut.

Verklärt

Im Taumel vergessen die Grüße Passanten,
verknüpfen Momente zum lächelnden Strang,
in Winkeln der Augen vergeh'n Ignoranten,
flanieren, wie ich, an Vertiefung entlang.

Der Wind ihrer Sehnsucht durch meine Gefühle
verwirbelt die Wärme aus eitlem Gespür,
das Frösteln entzündet die Kirchengestühle,
die Kerzen erleuchten die Leere mit mir.

Ich suche die Seelen, sie scheinen verlassen,
verkommen bin ich, weil ich selber mich find,
ein zaghaftes Klopfen, zu scheu, mich zu fassen,
im Mittelgang wartet ein weinendes Kind.

Gestört im Gewahrsam der heiligen Stätte,
entkomme ich nicht der verwahrlosten Welt,
ich such nach dem Strauch der verlorenen Klette
und find eine Blume, die viel von mir hält.

Wissenspopanz

Ein Mensch, der etwas weiß,
gibt dieses gerne preis,
wann immer er sich sicher ist,
dass niemand seine Bücher liest.

Dann punktet er im Spiel
ganz ohne Punkteziel,
gelehrt erscheint sein Temperament,
das scheinbar niemand braucht und kennt.

Von dannen zieht er nicht,
solang nur ein Gesicht
verwundert aus der Kerbe schaut,
in die der Wissenspopanz haut.

Lippengift

Lippengift rinnt durch die Worte ins Herz,
schmelzt ins Vertrauen betäubenden Schmerz,
flehendes Lächeln vermummt das Gemüt,
ahnend, das sich das Berechnen verriet.

Wenn das Erkennen im Spiegel zerbricht,
glaubt das Gewissen dies lange noch nicht,
wähnt in den Augen betrogenen Blicks
schläfrig erschöpft eine Chance des Geschicks.

Fast übern Berg, scheint die Lüge perfekt,
wenn auch der Glaube noch Lücken entdeckt,
Argwohn, zersetzt, nimmt Beteu'rung nicht krumm,
etwas mehr Lippengift wälzt alles um.

Individualdistanz

Ich finde im Salz meiner Suppe ein Korn,
gehört nicht hinein und beschwört meinen Zorn.
Wer hat denn sein Leben in meinem verlor'n,
Empfindung des Daseins für sich auserkor'n?

Gerüche verwürzen die Düfte im Sein,
ich rieche die Welt nicht, als wäre sie mein,
die Eigenart schnüffelt sich einwärts und klein
und sucht in der Enge ein Plätzchen zum Schrei'n.

Der Anblick, der sonst nicht als Gegenwart stört,
den Argwohn des lässigen Lauerns verhört,
und treffen sich Augen, vom Starren betört,
entlässt sie die Schwäche ins Harren, empört.

Im Atmen verbraucht sich die letzte Bastion,
wer näher kommt, klebt auf der Tastbarkeit schon;
Entscheidung, wer bleibt und wer macht sich davon,
belebt und entleibt mit Revierkastration.

Liebesgarten

Sie nahm mir die Vergangenheit
und öffnete ein Tor,
dort führte sie Verlegenheit
dem Liebesgarten vor.

Entdeckte meine Phantasie
und schenkte Früchte ein,
der Duft, den mir ihr Haar verlieh,
versprach, mein Heim zu sein.

Ich folgte ihrem Zauber gern,
der Garten war die Welt,
das Schlemmen hielt den Alltag fern
und hat die Zeit verprellt.

Vor lauter Süße, Frucht um Frucht,
verlor die Reife Lust,
sie schlug die Jahre in die Flucht
und wurde nie bewusst.

Anstatt die Chance einzuseh'n,
beweinte ich die Zeit,
ließ unsre Zukunft einfach steh'n
in der Vergangenheit.

Verblichen verzehrt

Niemals findet meine Liebe
die Geschenke aus dem Trost,
denn was nie von ihnen bliebe,
haben nur wir zwei liebkost.

Deine Stimme kann ich fühlen,
doch die Worte hör'n sie nicht,
keine Antwort kann sie stillen,
wenn sie aus Erinn'rung spricht.

Deine Blicke kann ich ahnen,
nur die Augen nicht mehr seh'n,
scheint das Lächeln zu verbannen,
denn ich muss ihm widersteh'n.

Deinen Atem kann ich schmecken,
wenn dein Kuss ihn auch nicht nährt;
würde gerne neu entdecken,
was verblichen mich verzehrt.

Demenz

Finger findet mein Gesicht
auf der Spur zum Kinde,
zieht Vergangenheit ins Licht,
wo ich Liebe finde.

Handgemalte Sehnsucht streicht
Bilder ins Erkennen,
wenn der Nebel Lächeln weicht,
wirst du mich benennen.

***

Ruhetod

Stille
Stillgelegte Ruhe
Totenstille stillt nichts
Totenstille schweigt nur tot
Ruhetod

Benimm

In Formen verliert sich das gute Benehmen,
die Normen entdecken ergebene Schemen,
das Grinsen verziert den bereitenden Rahmen,
im Linsen verstecken sich heimliche Dramen.

Die erste Geduld stellt den Zwang auf die Probe,
der schwerste Moment ist das Eingangsgelobe,
dem Kriechen der Huld folgt die Durchnummerierung,
dem Riechen Talent seiner Mimikstornierung.

In Ketten gelegt bleibt die Menschlichkeit einsam,
wie Kletten, verhaftet, die Augen so peinsam,
was jeden bewegt, wirkt im Einzelnen Wunder,
selbst Fehden entsaftet die Meinung als Plunder.

Ermüdet begähnt jede Seele die andre,
behütet im Hoffen, dass weiter sie wandre,
mitnichten erwähnt, wie Gesichter das sehen,
verrichten besoffen die Notdurft beim Gehen.

Morsche Fäden

Verwaiste Enden baumeln kläglich
in der Oberflächlichkeit;
den ausgefransten Phrasenteppich
tritt das wahre Leben breit.

Gedankenlöcher reißt das Wetzen
materialgespickter Zeit;
mentale Flicken kaum ersetzen,
was nicht nach Vollendung schreit.

Die aufgelösten Überreste
morscher Fäden fangen Staub;
die Sohlen abgetretner Gäste
bröckeln in den Tagesraub.

Gespinste aus vergangnen Reden
sind Gedanken, die ich klaub';
beschwinge sie mit neuen Fäden,
doch die Resonanz bleibt taub.

Provoziert

Harpyiengleich
zerreißt die aufgebrachte Anmut
jenen Punkt der kontrastierten Stille
in die Teile ihrer Beute.

Butterweich
zerfließt der Zorn sich in die Vorhut,
Produkt aus Ausweg und Entkräftungswille,
und vereist verlassne Häute.

Jeder Streich
zerklüftet kreuz und quer die Weißglut
in Gesichtern ausgebrannter Feuerspiele
eingebrannter Eheleute.

Kreidebleich,
der übrigbleibt und der dahinruht,
im Verfechten haargespalt'ner Zweifelziele,
die kein Sinn ins Leben streute.

Spinnefreund

Er vergnügt sich gern am Fluchtpunkt seines Netzes,
zieht die Fäden eines löchernden Geschwätzes,
lädt sich Freunde ein zum Tanzen auf den Maschen,
hier und da fällt einer durch beim Freundehaschen.

So verletzt verquerter Frieden keine Normen,
denn wer fort ist, kann die Friedlichkeit nicht formen,
einzig einige Kokons vertreiben Launen
hinterm Friede-Freude-Eierkuchen-Raunen.

Ganz am Ende ist er wieder mal alleine,
kam mit Freunden, die er wollte, nicht ins Reine,
bleibt zurück und zehrt von eingemachten Resten,
lebt genährt, von sich besessen, noch am besten.

Gemeinsam einsam

Ein jeder sagt Hallo im Kreis,
berichtet von der Arbeit Schweiß,
verkümmert hinter andrem Fleiß
im Lorbeer aus verlornem Preis.

Der Ausruf lockt die Antwort nicht,
weil diese nichts als sich verficht,
ein Einwurf hier und da zum Spaß,
das Leben grüßt nicht mal, das war 's.

***

Im Glashaus

Im Glashaus hockt ein Herz aus Stein,
will nicht mehr außen stehend sein,
pulsiert sich Glashauswünsche rein
und wirft mit Schmerz die Gläser ein.
Das Herz, entblößt als toter Schein,
tief drin hört man ein Kind nur schrei'n,
es schrie sich groß und blieb doch klein
und musste weich und hart entzwei'n.

Kind im Wind

Märsche stör'n der Stille Lauf,
eine Eintracht wird entzweit,
Lächeln gibt den Frieden auf,
Kind schaut hoch und Vater weit.

Lieder grölen durch die Nacht,
kleine Hand hält große fest,
Kind vertraut des Vaters Macht,
die ein Zwinkern wachen lässt.

Menschen schluckt der Horizont,
Kind wirft Schatten Fragen nach,
steht im Wind, vom Sturm verschont,
bleibt, bis niemand heimkehrt, wach.

Hassliebe

Zertreten liegt die Blume einer Liebe im Begehren,
sie durfte nicht mehr duften, denn sie wollten sie verzehren;
das Reißen um die Blüten, die zu Sinnlichkeiten neigten,
enttarnte ihren Hunger, als sie Liebeszähne zeigten.

Die Kraft der kalten Körper fror an Dornen zu Mimosen,
und Leidenschaft verblutete zu rot in schwarzen Rosen;
das Ringen um die Liebesnacht, um Liebe zu verwinden,
erlag zum Morgen nur der Kraft, sich abends neu zu finden.

Die Blume schien zu schwach, um Tränenzorn zu überstehen,
er sickerte zu Grunde, ohne Sehnsucht zu begehen;
nun liegt sie dort zerteilt, verschandelt Hass mit ihren Farben,
Getreue im Vertrauen auf die Eigenliebe starben.

Oben und unten

Wenn ich Blicke in die Demut von Notwendigkeiten bette,
schwankt der Boden meiner eingebor'nen hohen Alltagstätte,
und das Lächeln aus der Tiefe, die kaum höherwertig sein
kann, findet nicht geringste Ahnung von der Nichtigkeit im
Gleichklang.

Als das Leuchten wieder schwindet, scheint die Brücke schon
zerbrochen, mein Vertrauen in die Ehrlichkeit kommt fragend
angekrochen. Welche Skrupel hemmen Taten, die ich harmlos
mir erdachte? 's ist die Schande des Verdammtseins, das die
Skrupel nötig machte.

Wag ich's wieder, werd ich dieses Mal die Überwindung
scheuen, denn nur so kann sich das eingeheimste Lächeln
wirklich freuen; dran vorbei und nicht hindurch die
unbefleckten Standesgrenzen finden wir uns in der Mitte ohne
Hoch- und Tieftendenzen.

Gutachter

Er achtet lang,
er achtet stolz,
erachtet jeden Wurm im Holz,
er achtet kreuz,
er achtet quer,
erachtet wichtig hin und her.

Er achtet deins,
er achtet meins,
erachtet in der Rechnung seins,
er achtet Geld,
er achtet gut,
erachtet, was sich daraus tut.

Er achtet Recht,
er achtet Gunst,
erachtet Klüngel seiner Kunst,
er achtet frei,
er achtet Norm,
erachtet alles durch die Form.

In Spe

Der Jüngling verplappert den Garten entlang,
erklärt sich der alten Erfahrungen treu,
die Gunst zu erlangen ergreift er den Strang,
in Spe ist der Schwiegersohn Weizen aus Spreu.

Die turtelnden Blicke der Liebsten im Schlepp,
umschifft er die Näpfe aus wartendem Fett,
der Vater der Zukunft erklärt ihn zum Depp,
doch bleibt er im Lenken der Höflichkeit nett.

Versenkte Pointen im Wein und im Rauch
verzerren die Reife mit fruchtlosem Spruch,
Zigarren der Bruderschaft reizen im Bauch,
der eine schreibt Comics, der andre ein Buch.

Der Abend beschließt, nichts zu früh zu begeh'n,
im Wissen um alles verschnauft er die Nacht,
der andre denkt nach und der Eine wird seh'n,
die Kinder sind schneller als Liebe gemacht.

Kassenmimik

Zur Contenance in der Schlange gestreckt,
sich meine Trance nach Veränderung reckt,
schlurfend nach vorn, mich ein Rückwärtsschritt neckt,
Mimik verlor'n sich der Mime erschreckt.

Schaltende Hand unter röntgendem Blick,
Gaffende Wand wirft die Löcher zurück,
Warten auf mehr mit gelächeltem Trick,
Stille bleibt leer in erstarrter Replik.

Röte ergießt sich in meinem Gesicht,
während sie fließt, bleibt das andere dicht,
kühlt sich bald ab, noch bevor es zerbricht,
das, was ich gab, macht an Kassen man nicht.

Wohlstandsverwahrlost

In bunten Verschlägen vergammelt,
- von Lustlosigkeit nur gesammelt -,
ein Haufen erniedrigte Liebe;
zuviel zur Eröffnung der Triebe.

Davor fliehen Elternmomente,
zu prüfen, was lieb sein noch könnte;
erzwungene Wünsche verkümmern,
nicht wissend, wonach noch zu wimmern.

Gemanagtes Lungern in Ketten
wetzt träumend die klatschnassen Betten;
selbst diese vertrocknen die Tage,
die Nächte stellt niemand in Frage.

Gefühllose Güte gespendet,
- sich selbst-zu-verwirklicht verendet -;
die Rührung am goldigen Geben
ersetzt nicht nach Jahren ein Leben.